Cativos e Libertos

Cativos e libertos

17-2-23-100-69.100

Direção editorial: **Ronaldo A. Sperdutti**
Coordenadora editorial: **Erika Alonso**
Capa: **Danielle Joanes**
Imagens da capa: **coka e Oleg Golovnev | Shutterstock**
Projeto gráfico e editoração: **Ricardo Brito | Estúdio Design do Livro**
Revisão: **Tereza Gouveia e Isabel Ferrazoli**
Impressão: **Renovagraf**

Dados Internacionais de Catalogação na Publicação (CIP)
(Câmara Brasileira do Livro, SP, Brasil)

Carlos, Antônio (Espírito).
Cativos e libertos / romance do Espírito Antônio Carlos ; psicografado pela médium Vera Lúcia Marinzeck de Carvalho. – 15. ed. – São Paulo : Petit, 2014.

ISBN 978-85-7253-247-1

1. Obras psicografadas 2. Romance espírita I. Carvalho, Vera Lúcia Marinzeck de. II. Título.

14-01152 CDD: 133.9

Índices para catálogo sistemático:
1. Romance espírita psicografado : Espiritismo 133.9

Impresso no Brasil.

Prezado(a) leitor(a),

Caso encontre neste livro alguma parte que acredita que vai interessar ou mesmo ajudar outras pessoas e decida distribuí-la por meio da internet ou outro meio, nunca deixe de mencionar a fonte, pois assim estará preservando os direitos do autor e, consequentemente, contribuindo para uma ótima divulgação do livro.

Psicografia da médium

Vera Lúcia Marinzeck de Carvalho

Cativos e Libertos

Romance do Espírito

Antônio Carlos

petit® editora

Av. Porto Ferreira, 1031 - Parque Iracema
CEP 15809-020 - Catanduva-SP
17 3531.4444 | 17 99777.7413

www.petit.com.br | petit@petit.com.br
www.boanova.net | boanova@boanova.net

CONFORME NOVO ACORDO ORTOGRÁFICO

Livros da médium

VERA LÚCIA MARINZECK DE CARVALHO

Da própria médium:

- *Conforto Espiritual*
- *Conforto Espiritual 2*

Psicografados:

Com o Espírito Antônio Carlos

- *Reconciliação*
- *Cativos e Libertos*
- *Copos que Andam*
- *Filho Adotivo*
- *Reparando Erros de Vidas Passadas*
- *A Mansão da Pedra Torta*
- *Palco das Encarnações*
- *Histórias Maravilhosas da Espiritualidade*
- *Muitos São os Chamados*
- *Reflexos do Passado*
- *Aqueles Que Amam*
- *O Diário de Luizinho* (infantil)
- *Novamente Juntos*
- *A Casa do Penhasco*
- *O Mistério do Sobrado*
- *O Último Jantar*
- *O Jardim das Rosas*
- *O Sonâmbulo*
- *Sejamos Felizes*
- *O Céu Pode Esperar*
- *Por Que Comigo?*
- *A Gruta das Orquídeas*
- *O Castelo dos Sonhos*
- *O Ateu*
- *O Enigma da Fazenda*
- *O Cravo na Lapela*
- *A Casa do Bosque*
- *Entrevistas com os Espíritos*

Com o Espírito Patrícia

- *Violetas na Janela*
- *A Casa do Escritor*
- *O Voo da Gaivota*
- *Vivendo no Mundo dos Espíritos*

Com o Espírito Rosângela

- *Nós, os Jovens*
- *A Aventura de Rafael* (infantil)
- *Aborrecente, Não. Sou Adolescente!*
- *O Sonho de Patrícia* (infantil)
- *Ser ou Não Ser Adulto*
- *O Velho do Livro* (infantil)
- *O Difícil Caminho das Drogas*
- *Flores de Maria*

Com o Espírito Jussara

- *Cabocla*
- *Sonhos de Liberdade*

Com espíritos diversos

- *Valeu a Pena!*
- *O Que Encontrei do Outro Lado da Vida*
- *Deficiente Mental: Por Que Fui Um?*
- *Morri! E Agora?*
- *Ah, Se Eu Pudesse Voltar no Tempo!*
- *Somente uma Lembrança*

Livros em outros idiomas

- *Violets on the Window*
- *Violetas en la Ventana*
- *Violoj sur Fenestro*
- *Reconciliación*
- *Deficiente Mental: ¿Por Que Fui Uno?*
- *Viviendo en el Mundo de los Espíritus*
- *Fiori di Maria*

Sumário

Prefácio

É este mais um romance excelente de Antônio Carlos, que confirma todo o seu talento literário e sua capacidade narrativa, revelados em *Reconciliação*.

Esta história está ambientada no Brasil Colonial e traz todos os ingredientes indispensáveis para prender a atenção do leitor. É uma leitura realmente agradável. A trama é toda pródiga em ação, romantismo e aspectos históricos do período da escravidão em nosso país.

Tudo se inicia com o retorno de Jorge à fazenda paterna após cinco anos passados em Paris, França, para onde fora complementar seus estudos. Retornava com o diploma de engenharia, saudoso e com mil sonhos de trabalhar pela libertação dos negros. Ansiava por reencontrar o pai, a mãe, o irmão mais novo e suas duas irmãs. Principalmente, desejava reencontrar-se com Laurinda, jovem que lhe estava prometida para casamento desde quando eram ainda crianças.

Jorge em todo esse tempo recebera poucas notícias dos seus pais, da noiva e da situação da fazenda.

Ao desembarcar no Rio de Janeiro, planejava ficar na fazenda somente até seu casamento, depois voltaria à capital, onde sonhava ter muitos filhos e participar do movimento abolicionista.

Entretanto, foram muitas e desagradáveis as novidades que o esperavam em seu retorno. Seu pai, coronel Joaquim de Castro, havia falecido algum tempo antes e, a seu próprio pedido, temendo que o filho desistisse dos estudos, não lhe fora revelada a infausta ocorrência. Laurinda, sua noiva, havia se casado com José, irmão mais novo de Jorge. No próprio instante de sua chegada, ocorre uma tragédia: o irmão José é assassinado a mando do fazendeiro vizinho, homem mau e rancoroso, que tinha uma pendência com a família de Jorge. O rapaz vê-se, assim, na difícil situação de chefe da família, com sérios problemas pela frente. É obrigado a permanecer na fazenda e assumir negócios e responsabilidades. A polícia nada faz para apurar o responsável pelo crime; Jorge investiga por sua própria conta. E a partir daí são muitos os lances de ação e emoção que ocorrem na história. Inclusive, Jorge vem a se apaixonar, por ironia do destino, justamente por Marcina, jovem filha de seu inimigo!

João Duarte de Castro

O regresso

A manhã estava maravilhosa naquele verão do início de janeiro no ano 1826. Sentia-me como embriagado com as belezas naturais do Rio de Janeiro. Passeava, andava beirando a praia de Copacabana. Voltara da França no dia anterior. Cinco anos longe do Brasil, dos meus, fizeram-me regressar saudoso. Olhava tudo encantado, notando o progresso que esses anos de ausência operaram na Cidade Maravilhosa.

Respirava a todo pulmão, o clima quente enchia-me de preguiça. Deixara a França com neve.

"Que beleza é a neve! Mas não se compara com as maravilhas do Brasil, deste clima tropical."

Deveria ficar no Rio por cinco a seis dias, esperando condução de minha casa, que me levaria ao lar. Ansiava por vê-los. Resolvi passear, distrair-me para fazer a espera menos longa.

Regressara com o diploma de engenharia e mil sonhos. Queria contribuir para o progresso de meu país, ajudando a construir escolas, pontes, hospitais. Idealizara lutar pela liberdade da raça negra. Assunto tão ventilado, discutido na França, entre estudantes.

— Escravidão é mancha negra neste país! — exclamei alto, não ligando para os poucos pedestres que me olhavam curiosos. — Lutarei por meu ideal. O Brasil será uma grande potência e um lugar de irmãos.

Sabia que minha luta não seria fácil, meu pai custeou-me na França, mas era um escravagista. Possuía uma enorme fazenda na Província de São Paulo; embora fosse excelente pessoa e seus escravos tratados com bondade, não deveria querer-me como abolicionista.

"Muito há que fazer em favor dos escravos no Brasil!"

Meus olhos iam até o horizonte onde o céu se unia com as águas num acasalamento perfeito; nada parecia difícil para os meus vinte e dois anos.

Com gritos, assustei. Voltei a cabeça.

— Pega! Pega o fujão! Pega o negrinho!

Vi um negrinho assustado correndo em minha direção. Antes que chegasse até mim, dois guardas o pegaram e seguraram. O terceiro, que o perseguia, corria mais lentamente, deveria ser o dono: era alto, bem vestido e não demorou a se reunir a eles. Estava ofegante, irritado.

— É este mesmo! Seu negrinho fujão! Leôncio, seu moleque malvado, vai aprender a não fugir mais. Vai levar uma grande surra!

Não achei o senhor nada simpático e minha primeira reação foi pensar em defender o negrinho. Mas não era assim que deveria começar a defender esta raça, que pelo seu pigmento tornara-se escrava neste país que eu amava. Iria usar as letras, astúcia, meus estudos para ajudá-los, e arrumar encrencas não era bom princípio. O negro tremeu de medo e rancor sob a ameaça do castigo; era jovem, deveria ter dezesseis anos, calculei; olhava seu senhor assustado, com olhos arregalados e expressivos, parecia pedir clemência. Os guardas estavam impassíveis, sorriam pensando na recompensa que receberiam.

Estavam a poucos passos de mim. Aproximei-me, procurando demonstrar pouco interesse, cumprimentei-o gentil e sorrindo.

— Bom dia! — respondeu o senhor, observando-me.

Estava também muito elegante com roupas francesas da moda. Devo tê-lo agradado, voltou sorrindo a explicar:

— Este aqui é meu escravo. Negro vagabundo e fujão. Vai para o tronco.

Sorri, observei o moleque, tentei demonstrar orgulho, para esconder o dó que deu de ver aquele mocinho tratado como um animal só porque teve a infelicidade e o destino de ter nascido num país onde o racismo era cruel.

— Estou precisando de um escravo — disse, fazendo pose de arrogante —, de um jovem negro. Ia mesmo ao mercado para adquirir. Gostei deste. Não me assustam fujões, sei lidar com eles. Podemos fazer negócio. Não quer vendê-lo, senhor?

— Hum... — olhou-me o senhor curioso, mas aliviado; passar um negro rebelde para a frente seria bom negócio. — É um prazer servi-lo, senhor, chamo-me João, a seu dispor. Podemos negociá-lo, não preciso vendê-lo, mas já que lhe agrada, é um prazer cedê-lo. Ele é bom, fugiu, mas com bom castigo não terá mais ideias de liberdade, com certeza. É esperto e inteligente.

O senhor começou a enumerar as qualidades do negrinho que minutos atrás amaldiçoava, tratou-me com gentilezas, querendo fazer bom negócio.

— Vendo-o por uma pechincha, bem barato para um senhor tão jovem, bonito e simpático.

Falou a quantia, pedi um abatimento e fechamos o negócio.

Dei-lhe a quantia, mentalizei minhas finanças, tinha o mínimo para ficar no Rio, até que meu pai ou um empregado de nossa casa viesse buscar-me. Teria de privar-me de algumas diversões, e até mesmo de refeições.

— Onde quer que leve os documentos da transação e em que nome, senhor?

— Jorge Correia de Castro e Alves. No Hotel Aurora, por favor.

— Pois não, senhor. Logo mais os levo lá. Faça bom proveito de sua compra, senhor Jorge.

O ex-dono do negrinho pagou os guardas que esperavam pacientemente o negócio ser feito, contaram o dinheiro satisfeitos, olharam para mim e um deles falou:

— Quer, senhor, que o castiguemos? Faremos barato para o senhor.

Engoli a vontade de xingá-los e respondi:

— Obrigado, senhores, cuido eu mesmo dos meus negros. Podem deixá-lo agora. Queiram soltá-lo.

Olharam desconfiados, um para o outro.

— Se o largarmos, senhor, ele foge. Não vai amarrá-lo ou prendê-lo?

— Pode deixá-lo, por favor!

Os guardas largaram-no e afastaram-se, certamente pensando que logo iriam atrás do moleque novamente.

O mocinho, de cabeça baixa, continuou parado, impassível com a negociação, sua negociação, sua venda como uma coisa qualquer. Com o dedo no seu queixo, levantei-lhe a cabeça. Olhou-me tristemente, seus olhos eram vivos e demonstravam revolta. Seu rosto estava com sinais de espancamento, tinha os lábios feridos, inchaço nas bochechas e um corte na testa, do lado esquerdo.

— Pronto, não se assuste — disse-lhe —, está livre agora. Quero conversar com você. Não precisa ter medo. Como se chama?

— Leôncio.

— Quantos anos têm?

— Dezessete anos, sinhozinho.

— Bonita idade. É quase homem. Por que fugiu?

— Olhe para minhas costas — disse, levantando a camisa.

Suas costas estavam cheias de cicatrizes.

— Pelo visto é rebelde e gosta de fugir. Não tem medo?

— Tenho sim, às vezes; ser castigado não é bom. Não tenho é sorte, sempre me pegam.

— Por que quer tanto fugir?

Olhou-me e uma leve ironia brilhou nos olhos negros, como se não bastasse ser escravo para querer ser livre! Mas respondeu com respeito:

— Não gosto de chicote. Um dia consigo fugir e então não apanharei mais.

Ri, acabei rindo alto. Leôncio olhou-me, assustado.

— Leôncio, por que quer fugir? Não tem outra razão? Parece inteligente, esperto, e foge sem planejar, já que o pegam sempre.

O moleque olhou-me, curioso; devo ter parecido bem diferente dos seus outros senhores que dificilmente conversavam com um escravo, e respondeu:

— Não gosto de ser escravo, não quero ser, nem sei por que sou. Por que nasci negro? Só por isso? Não tenho culpa. Mas tenho uma ideia, uma vontade de encontrar minha mãe e irmãs, fujo sempre com essa esperança.

Como não o interrompi, Leôncio continuou falando, tristemente:

— Morávamos em uma fazenda, éramos uma família. Meu pai morreu com uma picada de cobra venenosa. Minha mãe, logo após, foi vendida com minhas duas irmãs. Tinha oito anos, separamo-nos e nunca mais as vi. Não esqueci delas, minha mãe era tão boa, tão bonita. Quero mesmo é encontrá-las e sermos todos livres.

Fiquei sério, senti o trauma do garoto. Estava há cinco anos separado dos meus para estudar, mas sabia deles. Correspondíamo-nos, sentia-me saudoso e com imensa vontade de estar com eles. E os sentimentos de Leôncio não eram diferentes dos meus. Senti raiva de todos os escravagistas que, para seus lucros, não poupavam famílias. Fechei as mãos, exaltei-me por segundos, controlei-me; se quisesse usar as armas que preparara, que idealizara, não poderia descontrolar-me; para todos deveria ser um escravagista, um almofadinha. Continuei a conversar com meu escravo recém-comprado: indagava, e ele respondia, curioso, não entendendo aonde queria chegar e o que queria.

— Você sabe onde elas estão? Podem ter sido levadas para longe.

— Sei sim, senhor. O capataz disse-me para onde foram quando compradas. Guardei na cabeça, não me esqueci.

— Muito bem, Leôncio, demonstra bons sentimentos querendo bem sua família assim.

— Sou homem, sinhô, mas choro de saudade, queria tanto saber delas...

— Que faço de você, ai meu Deus! — disse, porque Leôncio olhava-me assustado, esforçando-se por entender o que dizia. — Mas, pela lei, faço de você um homem livre. É isto, menino, vou dar-lhe sua carta de alforria, assim que seu antigo dono me trouxer os documentos. Realizará seu sonho, sem fugir mais. Poderá ir atrás de sua família e trabalhar para ter dinheiro e comprá-las. Vai ser livre, moleque!

— Fala a verdade, sinhozinho?

— Falo. Darei a você a liberdade, não será mais escravo.

Leôncio ficou por segundos parado, com os olhos estatelados. Em seguida, ajoelhou-se, agarrou minha mão e a beijou.

— Oh, sinhô! Deus lhe pague! Obrigado!

Retirei a mão e lhe sorri, retornei a andar, com ele atrás de mim.

— Venha comigo, ficará no alojamento dos escravos no hotel, até que faça a sua carta. Aí, pode ir para onde quiser.

Como prometera, o senhor, ex-dono de Leôncio, levou-me os documentos da transação, à tarde; embora o tendo recebido educadamente, não lhe dei intimidades, conversando só o necessário. Após ter-se despedido, fiz a carta de alforria de Leôncio e fiquei um pouco constrangido. Parecia-me ridículo que, só por ser branco e ter dinheiro, pudera adquirir um outro ser humano e também dele fazer o que quisesse. Estava resolvendo um pequeno problema, dando a liberdade a um ser. Pensei mesmo se haveria uma razão para ter presenciado a prisão dele e ter podido ajudá-lo. Ou seria só o acaso?

— Fazei a outrem o que desejaria que lhe fosse feito — resmunguei o ensinamento do Mestre Jesus, repetido tantas vezes a nós, seus discípulos, pelo pastor Germano, da igreja protestante, tão meu amigo. Se meus pais souberem, não ficarão nada contentes. Eram todos fervorosamente católicos. Aprendi a nada ter contra religiões, a vê-las todas como cristãs e verdadeiras. Ainda jovem, intrigava-me o fato de a igreja católica predominar no Brasil e ter ela escravos que serviam a padres e conventos, em vez de não combater a escravidão. Isso me fez discutir com o velho sacerdote da cidade perto de nossa fazenda e na França. Um amigo de Faculdade levou-me a conversar com o pastor Germano, pessoa de quem gostei de imediato, passando a frequentar os cultos e a estudar a Bíblia. Fiquei em contato com os Evangelhos e tive a certeza de que todos somos irmãos e tornei-me assim mais abolicionista ainda.

Mandei chamar Leôncio, e ele veio assustado e muito desconfiado.

— Sabe ler, Leôncio?

— Não, sinhozinho — respondeu animado.

Que ingenuidade a minha, saber ler e escrever era para brancos e ricos. Muito poucos negros sabiam ler.

— Aqui está sua carta de alforria; neste papel, moleque, está sua liberdade, guarde-a com muito cuidado, não vá perdê-la. Aconselho-o a dar para alguém guardá-la para você. É livre, agora. Tome-a.

Leôncio pegou-a, tremendo, abaixou a cabeça e chorou, no começo de mansinho, após chorou alto. Deixei passar a emoção. Depois, baixinho, ele agradeceu-me de muitas formas.

— Está bem, Leôncio, pode ir. Que seja feliz!

Mas o negrinho não arredou o pé, ali ficou na minha frente.

— Que é, moleque? Que há? Não entendeu? Quer que lhe explique? Falta algo? Não está contente?

Leôncio, a cada indagação, movia a cabeça, retrucando. Na última, respondeu:

— Estou contente sim, sinhô. Grato ao sinhô e ao Deus dos brancos. Mas não sei para onde ir. Estou com muita fome.

Sorri diante da ingenuidade dele. Queria tanto fugir, ser livre, agora que o era, não sabia para onde ir nem como conseguir alimentos.

— Acho que não basta só ser livre, necessita o negro de ter condições dignas de sobreviver; marcarei isso no meu caderninho de notas, é um bom assunto a ser ventilado.

— Fala comigo, sinhô? Não entendi.

Sorri novamente, falara em francês. Dominava tão bem o francês, aprendi tão facilmente, que parecia recordar. Falava sem sotaque, era confundido com franceses. E meu caderninho de notas era onde copiava tudo o que planejara fazer no Brasil.

— Não, não falo com você. Não tem para onde ir nem como conseguir comida, hein? Se quiser, fique aqui esta noite. Mandarei que cuidem de você, que lhe deem roupas limpas e comida. Amanhã veremos o que fazer.

Sorriu contente e, quando acabei de dar as ordens, ele surpreendeu-me novamente, beijando-me a mão, exclamando em agradecimento sincero.

Após o jantar, fui para o quarto: gastara muito dinheiro na compra do negrinho e tinha que economizar. Meus passeios iam ser agora a pé pela bela cidade do Rio de Janeiro. Mas estava contente, lembrei-me do que dizia o pastor Germano:

"O bom gesto traz paz e tranquilidade que o ouro não compra!".

Os ensinos desse sábio homem iriam acompanhar-me pela vida. Muitas vezes pensava no que diriam os meus, se soubessem que nos últimos anos não mais havia ido a uma igreja católica e sim a outra religião?! Estava disposto a seguir os conselhos bondosos do pastor Germano, suas palavras sob esse assunto estavam vivas na memória:

"Jorge, todas as religiões são caminhos e os Evangelhos são as setas. Mas cabe a nós caminhar. Pouco significa encontrar o rumo, ter uma religião, saber do Evangelho, e não seguir, não viver os ensinos do Mestre. Quem não exemplifica em Jesus para no caminho e perde a oportunidade de evoluir. Leia, continue lendo a Bíblia, estude com carinho e viva os Evangelhos; estão neles a sabedoria de um crente. Lá na sua cidade não há igreja protestante, siga a católica com seus familiares. Tire as coisas boas que ela oferece. Caminhe, oriente-se pelo Evangelho, não pare, cresça em amor e sabedoria. Principalmente, recorde-se da 'parábola do semeador': não deixe seus sonhos, ideais, serem sufocados pelos espinhos do egoísmo e pelas facilidades da riqueza.

Que saudade já sinto da velha França! Dos amigos, da igreja protestante, dos estudos bíblicos, dos companheiros de ideal e fé. Talvez, um dia, volte. Mas é no Brasil que devo servir, trabalhar, lutar pela liberdade. Minha Pátria não pertence mais a Portugal, D. Pedro é impulsivo, e na Europa comenta-se a frágil saúde de D. João VI. Será que D. Pedro voltará para Portugal com a morte de seu pai? Ou ficará no Brasil? Era muito pouco tempo de Brasil liberto e parecia ele um nenê a gatinhar."

Dormi cedo e sonhei com minha avó paterna; acordei de madrugada e fiquei no leito recordando o sonho. Sonhava sempre com pessoas mortas e no sonho conversava com elas. Mas com sinhazinha Ana, minha avó, ocorria sempre. Às vezes, tinha a impressão de vê-la; era tão forte a visão, parecia-me tão verdadeira, que me incomodava. Amava muito minha avó, lembrava dela, do seu jeito meigo e bondoso, de sua morte e enterro. Tinha onze anos e me marcou muito ver enterrá-la, deixá-la só, na terra fria. Ficara tão triste na época que recusei a alimentar-me. Minha mãe levou-me para conversar com padre Simão, que me explicou que fora só o corpo sem vida de minha avó que enterraram, sua alma estava no Céu, e minha atitude de tristeza não estava certa.

— Quem acredita na Vida Eterna, Jorge, não enterra seus mortos. Só enterra mortos aquele que nada crê, ou não entende no que deve crer. O corpo é perecível e vira pó, a alma é eterna e vive em outra parte. Sua avó foi muito boa e deve estar feliz! — disse-me ele.

— Por que não posso saber se ela está bem, o que faz no Céu? — indaguei. — O senhor disse para crer, por que não saber e entender?

O velho sacerdote coçou a cabeça, deu-me doces e mudou de assunto. Acabei distraído, voltando à vida normal de menino de fazenda. Mas o tempo passou e não me esqueci da bondosa sinhazinha Ana, sempre sonhava com ela e, por tantas vezes, via-a, mas não materializada. Via, ou melhor, sentia-a, julgava então ser só forte impressão. Cheguei mesmo a conversar sobre isso com o pastor Germano, e ele esclareceu-me:

— Jorge, este fenômeno é antigo; na Bíblia narram-se vários episódios em que os mortos da carne, vivos em espírito, falam, comunicam-se com os vivos no corpo físico. Moisés proibiu esses eventos pelos absurdos que cometiam na época. E, recentemente, a Inquisição perseguiu cruelmente quem era dotado dessa capacidade, dessas visões. Mas nem por isso tal fato deixou de existir. Acredito, Jorge, que voltarão a entender e a aceitar esses fenômenos. Deus mandará alguém, se for de Sua Vontade, para estudá-los e a eles dar explicações científicas. Eu também vejo sempre minha mãezinha que morreu na minha mocidade e dela tenho recebido inúmeros conselhos e orientações. E muitas outras pessoas dignas de confiança narram fatos assim. Não deve preocupar-se com isso e aconselho a só deles falar com pessoas confiáveis.

— A Inquisição já passou, não persegue mais as pessoas que veem mortos! — eu disse a rir.

— Mortos da carne, filho, vivos sempre estamos. Não há perseguição como antes, mas há o preconceito, o perigo de ser taxado de louco ou até de pensarem que se está possuído pelo demônio.

Voltei ao meu sonho, estranho, e que tanto me impressionou. Sonhei que estava em casa e minha mãe chorava de luto, estava triste e vi minha avó envolta de luz. Disse-me:

— Jorge, meu neto, está em suas mãos, está em você a responsabilidade da nossa família. Aja com justiça, mas com firmeza. A autoridade deve sempre servir para manter a ordem e a disciplina. Quem vacila no bem, dá oportunidade aos maus.

Desapareceu, deixando-me triste e acordei. Lembrei-me com detalhes do sonho e de outro que tivera na França, meses antes de partir.

Estava com minha avó num jardim bonito e falava ela de coisas que eu não conseguia entender, e entristeci-me. Pedi, todavia, que repetisse, então ela disse, meigamente:

— Cada coisa tem sua hora. É jovem e forte, confio em você. Tantas coisas mudaram na nossa terra!...

Na época não me preocupei. Sim, tantas coisas mudaram no Brasil. D. Pedro proclamara a Independência; e ou o Brasil se renovava e se fazia uma linda nação, ou teríamos novas mudanças. Mas agora, ligando os dois sonhos, preocupei-me. Será que a mudança era em minha casa? Alguma notícia triste esperava-me? Vi minha mãe chorar de luto... Que podia significar este fato? Com estranha impressão, com o corpo dolorido, levantei.

Após o desjejum, Leôncio veio até mim: estava diferente, cortara o cabelo, estava limpo, os ferimentos com melhor aspecto demonstrando que foram cuidados. Vestia roupas novas e sorria a todo o momento.

— Vamos sair, Leôncio, vamos andar por aí.

Saímos, procurei distrair-me e esquecer minhas preocupações. Andava a passos lentos, observando tudo, curioso, desde as pessoas até a paisagem. Leôncio ia ora a meu lado, ora atrás, pulava e ria contente. Às vezes, olhava-me desconfiado com medo de estar se excedendo. Achei normal sua alegria.

— Pela primeira vez, sinhozinho Jorge, ando sem medo de eles me pegarem. Parece que sonho. Estou muito feliz por estar livre.

— Já pensou no que vai fazer? Para onde vai?

Leôncio aquietou-se por segundos. A sobrevivência de um liberto não era fácil. Para comer e vestir tinha de trabalhar. E onde arranjar trabalho? Por que pagar a um negro, se é possível tê-lo como escravo?

— Leôncio, onde estão sua mãe e irmãs? Em que lugar? Longe?

Leôncio falou o lugar.

— Quê?! — exclamei.

Incrível coincidência ou força do destino: era a cidade perto de nossa fazenda.

— Está com sorte, moleque! Ou Deus quer ajudá-lo e colocou-me no seu caminho como instrumento.

— Que é, sinhô?

— Não precisa entender. Moro perto dessa cidade, conheço-a de ponta a ponta, meu pai é homem importante lá. Parto para lá, aqui estou somente esperando condução de casa. Se quiser, levo-o comigo e poderá ficar na fazenda até achar sua família.

Leôncio pulou, ria e chorava, olhava-me como se fosse algo sublime. Sua alegria contagiou-me. Esqueci o estranho sonho e fiquei feliz por estar na minha Pátria.

Deixei Leôncio alojado na ala dos escravos, ele parecia um bichinho desfrutando sua liberdade. Nos dias em que esperei, passeávamos durante as tardes e manhãs ensolaradas, conversando, e então nasceu uma amizade sincera entre nós. Estranhava a muitos, chamávamos a atenção. Um jovem branco, bem-vestido, estudado, bonito, e um ser negro, feio e ex-escravo. Notei que Leôncio era inteligente, esperto e determinado.

Rio de Janeiro, a Capital do Império, era um lugar que tinha de tudo. Conversava-se muito sobre política em rodas de senhores nas tabernas. Como não tinha dinheiro para ir a tabernas, saía à noite, sozinho, procurando escutar, e até mesmo me apresentar a grupos de estudantes para estar informado. Não foi muito fácil saber algo novo, desconfiavam muito de estranhos. Mas o que comentavam muito era de uma revolta de escravos em que se mataram muitos brancos. Uns diziam que os negros foram mortos; outros, que se achavam foragidos.

"Violência gera violência!", pensei. Muitos se revoltam no cativeiro. Desde pequeno escutava histórias de assassinatos cometidos por negros.

Finalmente chegou a condução de casa. Vieram Manoel, um empregado de meu pai, de confiança, que já beirava os sessenta anos, mas era muito robusto, e Tião, um negro alto, forte, esperto, um escravo contente como eram todos os de casa.

Cumprimentei-os sorrindo, e eles permaneceram acanhados.

— Que há? Não me dá um abraço, Manoel? Não abraça seu menino?

— É que sinhozinho Jorge já é um homem, formado e importante.

— Continuo o mesmo, Manoel. Dê cá meu abraço. Diga-me, como estão todos lá em casa? Como estão as meninas? José? Papai e mamãe?

— Todos bem, graças ao Pai — sorriu, demonstrando no olhar como me queria bem e a alegria de ver-me. Continuou a falar, alegre: — Sinhá Catarina, sua mãe, quer vê-lo e logo. Recomendou-nos que, se o sinhozinho já tivesse chegado, era para partir logo.

— E vamos, acomodarei vocês aqui nesta noite para que descansem. Amanhã cedinho, partiremos. Ah! Este é Leôncio, um liberto, que procura sua mãe e duas irmãs. Pela informação que teve, estão elas por nosso lado. Partirá conosco.

Conversamos mais um pouco e fomos dormir cedo. Ansiávamos por partir. Queria voltar ao lar.

Fazenda Sant'Ana

O dia amanheceu chuvoso, nuvens carregadas escondiam o sol; acomodamo-nos na carruagem e partimos.

— Adeus, Rio, até breve! — acenei um adeus.

Meu plano era voltar após meu casamento, que deveria ser logo. Amava a fazenda, onde viviam papai e José, que não quis estudar. Depois havia me formado, e era justo trabalhar e usar o que estudara. Lá na fazenda e na pequena cidade, onde também tínhamos casa, não haveria muito o que fazer. Residir na capital... às vezes, ficava em dúvida se moraria em São Paulo ou no Rio. O Rio, além de ser mais bonito, era a capital do Império, facilitaria entrar para a política e trabalhar para o governo, planejando construções importantes. E, às ocultas, iria participar de movimentos abolicionistas e lutar pela liberdade da raça negra.

Sonhos não me faltavam, acomodei-me na carruagem em que iam Manoel e Leôncio. Tião ia dirigindo os cavalos. A chuva marcava compasso com o trotar dos cavalos: um som cadenciado convidando a dormir. Mas o sono não vinha e fiquei a pensar, a refazer planos. Lembrei-me de Laurinda.

— Minha esposa prometida! — balbuciei.

Olhei para meus companheiros, dormiam.

"Ainda bem", pensei, "não é bom falar sozinho."

"Laurinda, como estará? Será bonita?" Não conseguia lembrar de como era ela. Filha de amigos de meu pai, combinaram nosso casamento quando eu estava com quinze anos e ela com onze. Víamo-nos sempre, nas festas, na missa, quando sua família nos visitava ou quando íamos à sua casa. Quando me despedi ao partir, combinamos não escrever. Sabia dela pelas poucas notícias nas cartas de minhas irmãs. "Laurinda está bem, ou esteve gripada, etc." Ultimamente, não falaram mais dela, e eu também não. Não a procurei, sabia que era minha prometida e que íamos casar, embora não nos víssemos há cinco anos. Minhas ideias modernas não se encaixavam bem com a do casamento combinado, porém aceitava, não importava casar-me com Laurinda. Deveria estar bonita, era educada, tinha estudo, era de boa e amiga família. Tinha a certeza de que viveríamos bem, era de paz e ela fora educada para obedecer ao marido. Nunca me interessara por ninguém, achava mesmo que amor, paixão, não existia e sim amor por convivência, por afinidades e pensava que eu e Laurinda nos daríamos bem e talvez viéssemos a nos querer bem. Ficaria na fazenda até o casamento, depois voltaria ao Rio, onde sonhava ter meus filhos.

A viagem foi cansativa, parou a chuva e fez muito calor. Pernoitamos por duas vezes em estalagens já conhecidas. Leôncio demonstrava interesse e vontade de ajudar e tornou-se amigo também de Tião e Manoel.

Manoel e Tião falavam da fazenda, o que tinha de novo. Dos casamentos de empregados e de escravos, das minhas irmãs, às vezes de mamãe. Ao escutá-los, parecia ver tudo, o cafezal, os animais, os amigos.

No quarto dia aproximamo-nos da fazenda. Lá pelas doze horas, Manoel disse:

— Logo, sinhô Jorge, chegaremos. Mais duas horas e estaremos com sinhá Catarina.

Sorri, contente, mas o meu corpo estava todo dolorido da viagem. Desejava descansar e abraçar a todos: meu pai, o sinhô coronel Joaquim de Castro e Alves, minha mãe, sinhá Catarina, meu irmão José e minhas irmãs Carlota e Maria da Glória, a Glorinha, a caçula. Era o mais velho dos irmãos e meus pais eram jovens ainda.

"Como vão gostar dos presentes que lhes trouxe da França!", pensei, alegre.

Quando entramos em nossas terras, meu coração disparou feliz. O cafezal verdinho e bem cuidado que se perdia de vista, enchia o vale de beleza e tranquilidade. As terras eram boas de cultura, e meu pai aproveitava-as bem, estavam localizadas num lugar bonito e não longe da cidade, com água de fontes e de um rio de porte médio.

— Meu Deus! Como é bom estar em casa! — falei rindo, respirando o ar puro do campo. — Fazenda Sant'Ana, como amo estas terras!

Teríamos de subir uma pequena elevação para chegar em casa. Mesmo sem avistar a casa-grande, escutei a sineta. Alguém vira e avisara a todos do meu regresso. A sineta era um prato de bronze, dependurado na varanda da casa. Mamãe usava-a para chamar a mim e a José para as refeições ou para dar avisos, marcar hora, etc.

Após a curva, lá estava meu lar, a casa-grande da Fazenda Sant'Ana, toda branca em meio do verde das árvores e folhagens. Nos fundos, o pomar com muitas espécies de frutas; na frente, um bem cuidado jardim, sempre com flores.

De longe, vi figuras femininas na varanda. Reconheci mamãe, que acenava com a mão com alegria.

Nem bem a carruagem parou, pulei; o portão já estava aberto, corri para os braços de minha mãe, que chorava, emocionada.

Abracei-a com força, rodopiei com ela nos meus braços, após lhe beijei a mão, pedindo a bênção.

Três moças olhavam-nos emocionadas. Duas se adiantaram, eram Carlota e Glorinha que, chorando, também pularam no meu pescoço.

— Que lindas moças estão vocês! Deixei-as meninas ainda, encontro-as moças e lindas!

Olhei para a terceira moça e a reconheci:

— Laurinda!

Laurinda estava muito bonita, mais bonita do que esperava encontrá-la, encostara-se na parede e observava com certa indiferença nossa alegria. Vestia-se simplesmente, tinha cabelos presos, eram louros de um tom muito bonito; ainda tinha sardas pelo rosto enfeitado, o nariz arrebitado, seus olhos verdes fortes eram sombreados por longos cílios.

Sorri, satisfeito, aproximei-me dela, estendeu-me as duas mãos que respeitosamente conduzi aos lábios para beijar, e levei um susto. No dedo anular da mão esquerda, uma brilhante aliança de casada.

Mamãe interferiu, tirando-me do espanto em que ficara.

— Jorge, meu filho, lembra de Laurinda, a filha do compadre Amadeu? É esposa do José há dois anos. Linda cunhada você ganhou, não acha?

Balbuciei um "Ah, hein!", e mamãe empurrou-me para dentro. Olhei a sala, emocionado. Pensei: "Sem noiva e com cunhada! As explicações virão, não devo incomodar-me com isso. Noivas não são difíceis de arrumar ou, quem sabe, papai não tivesse já arrumado outra". Sorri, feliz, e rodopiei pela sala.

— Não mudou nada, que bom estar em casa.

— Sinhozinho Jorge, fiz um café do jeito que gosta.

— Bárbara! Joana! Deem cá o meu abraço.

As duas negras ficaram paradas olhando-me. Bárbara ajudara mamãe a criar-nos, e Joana era uma governanta de casa, ambas de confiança da mamãe.

Abracei-as alegre.

— Seu café, Bárbara, é o mais gostoso do mundo, ninguém o faz como você!

Laurinda não falava nada, ficara só me olhando; sorri para ela, querendo demonstrar que estava tudo bem.

— José teve muito bom gosto casando com você. Está muito bonita, Laurinda! Mas por que não escreveram contando? Teria trazido um presente especial.

Ninguém respondeu, e também não esperei muito pela resposta, olhei para minhas irmãs que me examinavam curiosas e satisfeitas.

— Vocês não casaram, hein?

— Não — respondeu Carlota —, estou prometida a Pedro e o amo. Vamos nos casar logo, e Glorinha é prometida do Abelardo.

Abraçaram-me novamente.

— Que trouxe para mim? Quero meus presentes! Trouxe o xale que pedi?

Rimos, contentes.

Manuel colocou na sala minhas malas e abri a maior delas, que continha os presentes.

Dei um embrulho para Bárbara, outro para Joana, para mamãe e para Laurinda. Para esta, para quem havia trazido muitos outros presentes, acabei por dar somente uma mantilha negra, e reservei alguns deles para repartir depois entre minhas irmãs, guardando outros.

— E os meus? — disse Glorinha. — Se não me trouxe, voltará para buscar.

Ri com prazer, fizera de propósito deixando-a ansiosa, esperando.

— Desculpe-me, maninha, não deu para trazer e...

Sob ameaças de bater-me, entreguei os muitos presentes que lhe trouxera.

Na mala estava uma garrucha moderna e bonita para papai e um relógio suíço moderno para José.

— Mamãe, onde está papai? E o José? Mande chamá-los, anseio por revê-los.

Foi como se jogasse água no fogo na alegria delas. Minhas irmãs calaram-se, Bárbara e Joana afastaram-se, e mamãe começou a chorar.

Fiquei sem saber o que fazer, olhei para mamãe e esperei a resposta, ela falou, compassadamente:

— José foi ver o cafezal do outro lado. Só esperávamos você amanhã...

Parou de falar, e um pressentimento ruim invadiu-me:

— E papai?

Mamãe enxugou os olhos novamente, respirou, percebi que procurava forças.

— Há três anos ele morreu...

Senti minhas pernas ficarem bambas.

— Morreu?!! Não me avisaram? Meu Deus! Ficaram loucos por aqui? Meu irmão casa, papai morre e não me avisam. Por quê? Por quê?

— Jorge, meu filho, não nos culpe. Seu pai ficou meses doente, acamado, e nos fez prometer que não iríamos escrever a você, contando. Fez jurarmos que, se morresse, não diríamos a você. Não queria, meu Joaquim, que voltasse, que interrompesse seus estudos. Orgulhava-se tanto de tê-lo estudando na França. Nós prometemos a ele e cumprimos.

Peguei a garrucha que trouxera para ele, comprara há tempos e sonhara em lhe dar. Imaginava-o com seu jeitão sério a examiná-la. Amava meu pai, homem justo, trabalhador, honesto, leal, bom esposo, bom pai, bom patrão e bom senhor de escravos.

Parecia que o via em minha frente. Lembrei-me da nossa despedida. Acompanhou-me orgulhoso até o Rio de Janeiro, levou-me até o navio. Abraçou-me, comovido:

— Abençoo-o, filho. Estude, aproveite para aprender bastante na França. Que aprender é ser realmente, do resto não se tem tanta certeza. Volte formado, mas estude muito.

Ficou no cais, abanando um lenço branco, até que não o vi mais.

Sua imagem altiva, seu sorriso franco, seu chapéu negro, sempre o usara. Seu bigode largo, deixando quase escondidos os lábios, veio-me à memória, fazendo a saudade doer. Quando estamos saudosos, mas esperamos ver, ou temos a certeza de rever, é diferente da saudade de alguém que sabemos que não veremos mais durante a vida física.

— De quê? — indaguei.

— Hum?

Todos ficaram em silêncio, compartilhando minha dor. Papai tinha razão, se eu soubesse que estava doente ou morto, voltaria. Teria voltado sem concluir os estudos. Repeti a pergunta:

— De que ele morreu?

— Ficou doente, o médico disse que estava com feridas por dentro. Ao morrer, abençoou-nos, abençoou você.

Levantei, caminhei lentamente até a janela. Vi as árvores frutíferas, alvo de brincadeiras minhas e de José; minha volta tornou-se triste. Não consegui segurar o pranto. Queria tanto que visse meu diploma, minhas boas notas. Tantas vezes pensei na alegria dele, ao me ver formado, do orgulho que sentiria. Via-o nos meus pensamentos, alisando o bigode, sorrindo a encontrar-me na festa dos formandos. Era parecido com ele fisicamente e de gênio, orgulhava-me disso; agora, um adulto, achava-me mais parecido ainda. Era jovem ainda e estava morto. Nunca me escrevera, quem fazia isso eram mamãe e as meninas, e nas cartas, diziam sempre: "Estão todos bem, saudosos, mandam abraços e bênçãos".

— Que é isto? — voltei com a indagação de Carlota.

Era galope de cavalo, alguém chegando, apressado.

Mamãe foi a primeira a correr para a varanda, as três acompanharam-na assustadas. Enxuguei meu rosto e fui atrás.

Era Nércio, marido de Joana, negro amigo, de confiança de meu pai. Ia cumprimentá-lo, quando notei que estava aflito, suado, olhos estatelados. Pulou do cavalo e gritou:

— Uma desgraça sinhá, uma desgraça. Feriram sinhô José no cafezal.

Mamãe caiu desmaiada nos braços de Carlota, Laurinda deu um grito e as três começaram a chorar. Senti tudo rodar, parecia que sonhava, mas fui o primeiro a sair do estupor.

— Onde, Nércio? Onde estão? É grave?

— Não sei, sinhô Jorge — disse o negro chorando. — Sinhô José recebeu um tiro quando passávamos pelo Barranco das Antas. Está desacordado. Benedito colocou-o na carroça e está vindo devagar. Vim na frente para avisar.

— Joana, cuide da mamãe.

Pulei sobre o cavalo que Nércio deixara na cerca da varanda e saí em disparada, rumei para o lado do Barranco das Antas.

Um riacho atravessava nossas terras. Pequeno regato de águas cristalinas; ao sul, margeava-o um alto barranco, lugar de muita beleza, que chamávamos de Barranco das Antas. Alguns minutos de galope avistei a carroça. Benedito dirigia-a, e Samuel, filho de Benedito, também nosso empregado, tinha no seu colo o corpo de José.

Apeei do cavalo e olhei José. Meu coração acelerou, senti uma dor enorme. José estava um homem, era dois anos mais novo que eu, deixei-o, ao partir, mocinho ainda. Tinha os olhos fechados, expressão suave no rosto, e todo o seu corpo, suas roupas, estavam encharcados de sangue.

— José, meu irmão!

Procurei o pulso, nada! Procurei a pulsação no pescoço, passei a mão pelas narinas, nada! Examinei o ferimento, a bala atravessara o coração, José estava morto. Procurei ver se estava armado, e Samuel esclareceu-me:

— Sinhozinho Jorge, não estávamos armados, nenhum de nós. Atiraram do lado esquerdo, onde o barranco é mais alto, não deu para ver nada.

Beijei a testa do meu irmão, peguei-o de Samuel. Seu corpo ainda quente no meu colo, chamava-me à realidade, tão diferente do que esperava no meu regresso. Meu pranto foi alto, emocionado; comigo choraram Benedito e Samuel.

— Vamos, Benedito, vamos para a casa-grande.

A carroça foi devagar e, procurando me acalmar, parei de chorar. Na fazenda o alarme foi dado sem parar, os negros e todos os empregados aglomeraram-se na frente da varanda.

A carroça parou, peguei meu irmão nos braços e entrei em casa.

Carlota esperava, aflita, indagando com o olhar.

— José está morto — disse à meia-voz.

Laurinda que estava atrás, caiu desmaiada.

Parecíamos todos sonâmbulos, arrumando-nos para ir à cidade. Vários negros saíram para avisar os amigos. Manoel com algumas negras foram abrir a casa na cidade para nos receber no velório.

Tirei a roupa ensanguentada, lavei-me e coloquei uma roupa discreta que não pensava que usaria um dia.

Chamei Benedito e Samuel.

— Têm a certeza de que não viram quem matou José? — com as negativas deles, continuei: — Fiquem vocês aqui, tomem conta da fazenda e peguem armas no armário.

Partimos para a cidade, as mulheres chorosas, uma consolando a outra, iam na carruagem de festa e, na carruagem simples, íamos, eu, José, Bárbara e Joana. As negras haviam limpado José e vestiram-lhe uma roupa nova. Deitaram-no no banco da frente e nós três nos sentamos no outro. Fiquei olhando para ele. Esforçava-me para acreditar no que via.

"Ah, José", pensei, "nem mesmo pude abraçá-lo com vida! Parece dormindo. Está tão elegante. Mesmo morto, pálido, está bonito. Sempre foi lindo, parecido com nosso avô materno. Queria tanto ter dito a você que não me importei por ter casado com Laurinda. Que queria que fossem felizes." Sempre nos demos tão bem. Éramos diferentes, tanto na aparência física como de gênio. José era acomodado, falava pouco, enquanto eu era explosivo; não quis continuar a estudar, amava a fazenda e queria viver ali para sempre. Era mais alto que eu, mais forte, parecia mais velho e era ele quem cuidava de mim. Nas nossas aventuras era ele o mais ajuizado. Protegia-me sempre, até dos castigos de mamãe. Tantas vezes, lembrava, era ele que me tirava de apuros e eu o pagava fazendo as lições para ele. Não me lembrava de ter brigado com José, éramos diferentes, mas amigos e companheiros. Escrevera poucas vezes, entendia-o, não gostava de escrever. Nunca duvidara do seu carinho por mim e eu ali, vendo-o morto, sentia que era mais que um irmão de sangue que perdera, era um amigo.

Examinei-o, mudara nesses anos. Ficara mais alto, media talvez 1,90 m. Seu rosto parecia o de uma criança inocente, testa longa, lábios pequenos e bem-feitos, não usava barba nem bigode, cabelos lisos, castanho-claros caíam sobre a testa.

Chegamos à cidade, muitas pessoas nos esperavam: uns curiosos, outros amigos e parentes.

O velório foi triste, na sala da nossa casa na cidade. Senti-me abraçado, cumprimentado por tantos conhecidos e amigos. Encontro que sonhara ser tão diferente...

Passamos a noite toda ao lado de José. Mamãe sofria muito, era o retrato da dor. Laurinda, muito pálida, chorava de mansinho, minhas irmãs estavam desconsoladas; todos os amigos e parentes mais afastados estavam tristes, sentindo realmente a perda de uma pessoa, de um homem de bem.

Às três horas, no outro dia, enterramo-lo junto de papai. Uma dor aguda varou-me o peito. Perdi os dois no mesmo dia, na mesma hora, foi como se enterrassem os dois naquele momento. Controlei-me para não chorar. Ali, era questão de honra, homem não chorar, tinha de esconder que era humano, que tinha sentimentos. Evitei falar, parecia ter um nó na garganta.

Após o enterro, as despedidas e cumprimentos dos amigos e parentes. Mamãe quis voltar para a fazenda e partimos na carruagem de festa: atrás, três carroças com empregados e escravos.

Fizemos o trajeto em silêncio, onde a dor era vitoriosa, todos sofriam. Sentia-me cansado, nem o cafezal, nem as belezas do caminho agora me chamavam a atenção. Nem parecia que, havia vinte e quatro horas, passara por ali, cheio de sonhos e felicidade.

Chegamos: já entardecia, desci e ajudei as mulheres a descerem. Leôncio aproximou-se de mim e falou baixinho:

— Sinhozinho Jorge, carecemos de nos armar. Dê-me uma arma, atiro bem, aprendi com um sinhozinho, filho de um dos meus donos. Aqui tem briga, e das feias. Morro pelo sinhô se for preciso, mas precisamos ter armas para nos defender.

Concordei com a cabeça. Nunca pensei que necessitaria um dia armar-me na fazenda, no meu lar. Esconderam-me muitas coisas nesses anos de ausência. Se mataram José em emboscada, alguma briga estava havendo. Tristemente, dei por mim que agora era o chefe da casa, o único varão dos Castro e Alves.

— Manuel, distribua as armas que temos em casa para os empregados e dê uma ao Leôncio. Monte guarda pela fazenda, vigie a casa e que ninguém se ausente sozinho. Amanhã cedo, reúna todos.

— Sim, sinhô Jorge — disse Manuel tristemente. — Eu cuido de tudo.

— Obrigado, Manuel, precisarei muito de você.

Com passos largos, subi as escadas, pois as senhoras esperavam-me na sala.

— Quero saber de tudo. Tudo o que me esconderam nesses anos. Que acontece aqui? Por que mataram meu irmão?

— Estou cansada, meu filho, amanhã...

— Não, mamãe. Quero saber agora! Ordens precisam ser dadas e eu nem sei o que se passa. Lutamos com alguém? Temos inimigos? Por Deus, é agora que deve falar. Conte-me tudo.

Amigos e inimigos

Sentamos perto um do outro na sala, e mamãe começou a narrar, sendo interrompida às vezes por Carlota ou Glorinha, quando omitia algum detalhe.

— Graças a Deus, nossa família tem sido honesta e caridosa. Somos cristãos e aplicamos a lei que Jesus nos recomendou: "Faça com os escravos como gostaria, se você fosse escravo, que fosse tratado". Nem todos veem com agrado nossa maneira de ser. Como seu avô, seu pai ensinou-nos a ser assim, não se importando com o que muitos pensem de nós. Muitas pessoas julgam-nos mesmo maus exemplos para os seus escravos, e tantas vezes escutamos que somos estranhos, que nosso modo de proceder é estranho porque nossos escravos vivem como empregados, soltos pela fazenda, sem castigos, bem-vestidos, bem alimentados e felizes. Nunca tivemos problemas maiores que simples falatórios, somos bons vizinhos, tratamos bem a todos e somos respeitados. Até que... Lembra-se do coronel Silas, o dono da Fazenda Morro Vermelho?

Concordei com a cabeça, era uma grande e boa fazenda que fazia divisa conosco ao sul, pelo rio. Após uma pausa, que aguardamos em silêncio, mamãe continuou:

— Com a morte do coronel Silas, logo após sua partida, Morro Vermelho ficou para seu filho, coronel Francisco de Souza. Lembra-se dele? Possuía terras do outro lado da cidade, tem casa na cidade, não longe da nossa. Nunca fomos amigos por ter ele ideias diferentes das do meu querido Joaquim. Mas, na cidade tão pequena, todos se conhecem.

— Lembro — disse —, tinha ele filhos da nossa idade. Era arrogante e orgulhoso.

Lembrei-me de sua filha Marcina, a menina morena, bonita. Não sabia o porquê de lembrar sempre dela, do seu jeito de sorrir, do seu modo acanhado e tímido. Mamãe olhou-me triste, estava cansada, mas eu não podia deixar de saber tudo, tentar entender o que acontecia. Vendo meu interesse, retornou à narrativa.

— O coronel Francisco vendeu sua fazenda e veio residir na Morro Vermelho com a família. Logo passou a implicar conosco. O coronel Silas era desumano, mau, mas o filho é mil vezes pior. Proibiu a ida de negros nossos a suas terras, expulsou um grupo que lá foi. No tempo do coronel Silas, visitavam-nos e nossos escravos tinham amizade com os dele. Um dia bateu em um negro nosso que teimou e foi lá e, por ele, mandou-nos recado que não queria nenhum de nós em suas terras.

Na ocasião, seu pai já estava bem doente, foi ele à cidade consultar o médico e encontrou o coronel Francisco no armazém onde acabaram por discutir. O coronel ofendeu seu pai, chamando-o de mau exemplo, de frouxo, moleza, que não sabia cuidar e pôr ordem nos escravos.

Seu pai engoliu os insultos, voltou aborrecido para casa. José então reforçou as cercas na divisa e proibiu nossos negros de se aproximarem das terras do coronel Francisco. Seu pai morreu e pensamos que não íamos mais ter problemas com esse homem. Mas, há seis meses, Joé, filho da Maria parteira, lembra?...

— Sim, brincamos juntos — balbuciei, lembrando dele.

Joé era boa pessoa, alegre, sorridente, e Maria era parteira, uma negra que sabia curar com ervas; poderia mesmo dizer que era uma enfermeira nata, sem nunca ter estudado.

— Bem, Joé foi encontrado morto com um tiro no peito, em nossas terras, na divisa com Morro Vermelho, perto da ponte do rio. Foi morto à noite. José averiguou, não conseguiu provar nada, mas tudo indicava na época que fora pelos empregados do coronel Francisco. Joé, segundo amigos, estava apaixonado por uma das escravas de lá. Maria acha que tinha ido encontrar-se com ela. Enterramos Joé sem dar queixas, e José proibiu que se aproximassem da divisa, mostrando Joé como exemplo. Para não levar a rixa em frente, o caso acabou aí.

Há cerca de quatro meses, Chico, o filho mais velho do coronel Francisco, foi morto na estrada, além da ponte, nas terras deles. Perseguia um grupo de escravos foragidos. Os seus empregados contam que já era noite, Chico adiantou-se deles e foram achá-lo minutos após, já morto, ferido a facadas. Para todos, para o delegado, Chico foi morto por um dos escravos foragidos. Chico era odiado pelos escravos, agia tão mal quanto o pai.

No enterro do filho, o coronel Francisco falou alto do ódio que nutria por nós e que era culpa nossa a morte do filho. Duvidou que fora um escravo e, se fosse, seguira ele os maus exemplos que dávamos.

José preocupou-se, pensou mesmo até em ir lá tirar satisfações. Eu e Laurinda não deixamos. José então resolveu esperar sua volta para estudarem juntos o melhor modo de agir. Teríamos represálias da parte desse coronel endiabrado. Mas a vingança deles chegou antes de sua volta, ou na sua volta. Tudo indica que foram eles que mataram ou mandaram matar seu irmão. Não vejo outra possibilidade. José era querido de todos, só tinha amizades, e inimigos declarados só eles mesmos, que nos odiavam. Que vingança, meu Deus! Nem mesmo os ofendemos!

Mamãe finalizou, chorando, e as três acompanharam-na. Senti vontade de chorar também, senti-me cansado, tinha de acordar cedo no outro dia e levantei-me.

— Vamos descansar. A bênção, minha mãe. Boa noite, Laurinda; durmam bem, Carlota, Glorinha.

Fui para o quarto, peguei a garrucha que trouxera para meu pai, coloquei as balas, deixei-a ao meu alcance, perto do leito. Iria de agora em diante andar com ela na cintura.

Deitei e adormeci logo, acordando com Joana de manhãzinha a chamar-me. Levantei apressado e fui para o pátio, onde estavam acabando de reunir todos os moradores da Fazenda Sant'Ana, escravos e empregados. Falei a eles:

— Não quero briga, não queremos briga. Nós, os Castro e Alves, somos pacíficos, porém não covardes, não fugiremos da luta, mas faremos tudo para evitá-la. Não desejo mortes, não quero mais sangue derramado. Deixaremos o delegado apurar a morte de meu irmão José. Aqui na fazenda tudo deve continuar como antes, o trabalho é o mesmo, as ordens também. Deve continuar como José ordenava, como se fosse ele vivo. Tudo farei para o bom andamento da fazenda, não quero mudar nada no trabalho e aqui estarei para cuidar de tudo e dar novas ordens se forem necessárias. Peço a todos para tomarem muito cuidado, que ninguém se afaste da sede sozinho, não quero ninguém na divisa da Fazenda Morro Vermelho. Que o trabalho seja feito em grupo e que no grupo esteja armado de preferência o fiscal. Todos os empregados devem andar armados e que estejam atentos. E ao toque da sineta por três vezes, forte, que venham todos à casa-grande, para a sede. De agora em diante, teremos guardas pela fazenda e na sede. Manoel cuidará desta guarda, será o chefe. Por hoje, é só, tenham um bom-dia!

Voltei devagar para casa a pensar: "Fiscal do grupo era um dos escravos, sempre dos mais trabalhadores e responsáveis, que organizavam o serviço e tomavam conta do grupo. Não era cargo fixo, fazia rodízio entre os melhores. Papai não usava castigos, mas sim prêmios; os ociosos não recebiam recompensas e os mais produtivos ganhavam em dobro. E ser fiscal era a recompensa de que eles mais gostavam e faziam de tudo para sê-lo. Os prêmios eram em dia a mais de folga, dinheiro, roupas a mais, alimentos, até aguardente. Não havia senzala em nossas terras, cada família tinha sua casinha, e meu pai fazia questão de que fosse uma casa decente. Tinham dois quartos, sala, cozinha; eram arejadas e caiadas. Os escravos recebiam mantimentos uma vez por semana e cada família fazia sua comida. Todos viviam satisfeitos e dificilmente nos davam algum problema e, quando algo surgia, era lá entre eles, desavenças e brigas quase sempre por inveja e ciúme. Papai costumava ouvir os motivos das brigas e o culpado ficava sem a recompensa da semana ou até do mês.

E havia negros tão amigos, tão queridos nossos, que até podíamos lhes confiar uma arma".

Olhei pela fazenda, desejei tanto revê-la, passear por todo lado; perdera a alegria. Aquele chão tão querido aparentava ser triste sem meu pai e meu irmão.

Nossa fazenda ficava num planalto muito fértil e bonito. A estrada morria no pátio, do lado esquerdo da casa-grande; do direito havia um grande galpão, onde guardávamos ferramentas e mantimentos. Atrás do galpão, o terreiro de secagem do café; nos fundos do terreiro, o curral, a estalagem dos animais da fazenda. Atrás do pomar de nossa casa estavam as casas dos empregados e, logo em seguida, as casas dos escravos enfileiradas e, no centro, outro pátio onde se reuniam.

Depois das casas, um pequeno morro; na parte mais alta, entre árvores, estava o cemitério, onde enterrávamos escravos. Fora feito por meu avô, quando, no seu tempo, um delegado e o padre haviam proibido enterrar negros no cemitério da cidade. Onde também estava enterrada vovó Ana, realizando seu desejo.

A fazenda estava bem cuidada com tudo no lugar, dando lucro. Demonstrava o imenso carinho que José tinha por ela.

— Sinhozinho Jorge — disse Leôncio despertando-me dos pensamentos, assustando-me. — Poucos aqui sabem atirar, não adianta dar-lhes as armas se não sabem como lidar com elas. Se o sinhô quiser, posso ensinar-lhes.

— Pode, Leôncio. Reúna os interessados no pátio, daqui a uma hora lhes ensinaremos a lidar com armas de fogo.

Entrei em casa, estavam mamãe e minhas irmãs na sala de refeição esperando-me para o desjejum.

— Ouviu minhas ordens, mamãe? Que achou?

— Está certo, meu filho, devemos tentar a paz e tudo fazer para tê-la, e nos defendermos para que ninguém mais morra em nossas terras, assassinado. Iludi-o, Jorge, dizendo que doutor Tomás, o delegado, descobrirá alguma coisa. Deixar o caso para ele é deixar sem punição a morte de José. Mas não cabe a nós punir e descobrir, deixaremos para a Justiça Divina. Temo por vocês, querer descobrir ou se vingar é ver um a um morto; meu José será vingado por Deus.

— Mamãe, será certo colocar Deus nesta história de vingança? Não somos todos irmãos, tanto José, um inocente, como o criminoso?

— Quer dizer que José não será vingado por nada, ninguém?

— Quem faz, mamãe, para si faz. Minha lógica condena a vingança. Poderia ir até a Fazenda Morro Vermelho e matar outro deles. Isso diminuiria nossa dor? Aumentaria, porque podemos orar em paz, temos a consciência em paz. Se nos tornarmos criminosos, até isso perderíamos. Não penso que uma ação má fique impune: receberá o fruto do seu crime quem matou José e quem mandou. Não vingarei, mas defenderei.

— Se esse maldito coronel Francisco considerar-se vingado, podemos sossegar. Tem razão, meu filho, outra desgraça não suportarei. Você é tão jovem, acostumado a outra vida, estudou tanto, e ter de cuidar da nossa fazenda!

— Mamãe, parece não confiar muito em mim. Sou o mais velho de seus filhos. Sou um homem e saberei ser o chefe da casa. Estive fora, mas não esqueci os costumes daqui. Tudo farei para evitar mais mortes, e esse coronel não nos pegará em emboscadas e desarmados como fez com José. E se escutaram as ordens não é preciso repetir a vocês. Não devem sair de casa sozinhas, nem para irem ao pomar, nada de passeios a cavalo, e a qualquer barulho devem chamar um dos guardas. Por favor, avise Laurinda de minhas ordens.

Tomei meu desjejum sem apetite e logo após fui para o pátio; encontrei Leôncio examinando nossas armas.

— Sinhô Jorge, estas armas estão velhas e temos pouca munição.

Examinei-as.

— Tem razão, Leôncio, são velhas e algumas até danificadas. Tanto papai como José não esperavam usá-las. Por enquanto, tentaremos nos defender com elas.

Fizemos o alvo, experimentei a garrucha, perfeita, acertei todos os tiros. Leôncio atirava bem; ensinamos alguns escravos, e treinamos os empregados.

— Nércio, quero-o bom atirador, deverá ir morar na casa-grande com Joana; ficará lá o dia todo. Quero-o guarda das mulheres da casa-grande.

Nércio sorriu, satisfeito com a confiança. O treino foi rápido, como não tínhamos muita munição, achei melhor economizar.

— Sinhozinho Jorge — disse-me baixo Leôncio —, não estamos nada bem, parecemos ser o lado mais fraco.

Tive de concordar e fiquei muito preocupado.

Voltei para casa e fui para o escritório. Examinei todos os papéis, todas as gavetas e o cofre. José trazia tudo muito bem organizado. Não tínhamos dívidas e estávamos com uma quantia grande de dinheiro e ouro no cofre.

"Somos ricos", pensei com pesar. "Estamos bem financeiramente. Que vale isso para nossa tristeza? Mas deve valer para vivermos bem, para nos deixar vivos."

Achei algumas letras, papai e José emprestaram dinheiro a fazendeiros da região, a amigos. Mexi em tudo e fiquei ciente de todos os negócios.

Reunimo-nos para almoçar, comemos pouco, todos tristes e calados. Após o almoço, recebemos a visita do senhor Amadeu, o pai de Laurinda, com a família.

O senhor Amadeu conversou gentilmente, lamentou com pesar a morte do genro. Homem de ir direto ao assunto, foi claro.

— Vim buscar minha filha. Como viúva, deve retornar a nossa casa.

— Papai, não quero voltar. Ao casar com José, a Fazenda Sant'Ana passou a ser meu lar. Quero ficar aqui, a não ser que dona Catarina queira que eu vá embora.

Laurinda falou com voz firme, decidida. Todos se voltaram para ela, que uma vez que soubera da morte de José, não falava, respondia com monossílabos as indagações que fazíamos. Eu desde que chegara não ouvira dela uma frase maior.

— Laurinda é minha filha querida! Acho que aqui é seu lar, junto à memória do nosso José.

— Se é assim, eu fico, papai! — disse tristemente.

— Se é assim... Aceitamos sua vontade; quando quiser voltar, será sempre bem recebida e só dará alegrias. Jorge, tem condições de se defender de um ataque?

— Bem, eu... Hoje de manhã examinei nossas armas, temos pouca munição.

— Munição, você pode adquirir no armazém da cidade. Você tem dinheiro? Sei que estão bem. Tenho uma letra a resgatar, poderei pagar antes do prazo se necessitar.

— Não, senhor Amadeu, tenho dinheiro para as despesas. Pague-a quando puder, não quero que se aperte para esse resgate. Também já examinei todos os nossos negócios e estou a par de tudo. Agradeço-lhe, é nosso amigo e espero que o seja sempre.

Senhor Amadeu sorriu.

— Obrigado, Jorge. Vieram comigo dois dos meus capangas, meus melhores atiradores. Permita que fiquem aqui até que você organize tudo, pelo tempo que quiser, poderão ser úteis a você. E se precisar de mais gente ou auxílio, mande buscar em minha casa. Se houver luta, estarei ao lado dos Castro e Alves.

— Agradeço, emocionado. Aceito o empréstimo de seus homens, ficarão hospedados aqui. Assim, poderá voltar tranquilo deixando Laurinda. E tem minha palavra de que estará protegida, será sempre querida por nós.

Senhor Amadeu residia em sua fazenda do outro lado da cidade, distante da nossa três horas a cavalo. Após o café da tarde, partiu, e conosco ficaram os capangas, dois homens bem armados, destemidos, destes que matam sem dar um pingo de valor à vida. Hospedei-os no galpão, dando-lhes a liberdade de andar pela fazenda. Percebi logo que o senhor Amadeu os queria mais perto de casa a proteger a filha.

Logo depois, recebemos a visita do prometido de Carlota, com seus pais. Após os cumprimentos, sentamos para um novo café. Gostava de Pedro, era simples, educado e trabalhador.

Ofereceram seus préstimos, reafirmaram o noivado e que o casamento seria realizado logo após o luto da família.

Percebi, pelos olhares que Carlota e Pedro trocavam, que se amavam. Fiquei contente, não queria forçar minhas irmãs a casamentos indesejáveis.

Quando entardecia, recebemos um mensageiro com uma carta para mim. Era de Abelardo, o prometido de Glorinha. Pedia escusas por não poder vir pessoalmente. E escusava-se novamente, desfazendo o compromisso com Maria da Glória, que fora feito com meu pai, e devido às circunstâncias melhor seria desfazê-lo.

As mulheres aguardavam minha leitura.

— Interessa a você, Glorinha, é o otário do Abelardo que acha melhor abandonar o barco que, por ele, está a afundar — disse, passando-lhe a missiva.

Glorinha leu num instante e disse, raivosa:

— Cachorro indecente! Peste! Covarde!

— Glorinha! — disse mamãe escandalizada, repreendendo-a: — Uma senhorita não diz isso!

— Glorinha amava, ama este idiota? Há tempos que não vejo Abelardo, mas, pelo que recordo dele, não é animador. Se você quiser, obrigo-o a cumprir o compromisso.

— Por Deus! — interferiu mamãe. — A família de Abelardo é amiga do coronel Francisco, isso já é o bastante para não querermos mais este compromisso; já escolheu seu lado, demonstra tão pouco caráter que não deu para esperar uns dias.

Glorinha amassou a carta, jogando-a no chão, pisoteando-a e disse, desabafando:

— Tenho raiva por ter concordado com este compromisso, concordando com um casamento arranjado. Se este "banana" estivesse na minha frente, amassaria a cara dele. Não deixe a carta sem resposta, Jorge, aproveite o mensageiro e responda, diga que aceita as escusas e lhe deseja fartura e muitos filhos. Abelardo, este cachorro, certamente depois de sua complicada caxumba não poderá ter filhos. É algo que teme e que o preocupa. Estaremos vingados desejando-lhe filhos.

— Glorinha! — gritou mamãe.

Olhei admirado para minha irmã, se fosse outra a ocasião, teria dado boa gargalhada.

Sentei à mesa e respondi conforme o desejo de Glorinha, educadamente aceitei as escusas, desfazendo o compromisso e desejei-lhe muitos filhos. Fechei o envelope e pedi a Nércio para entregar ao mensageiro a resposta.

Na sala se fez um grande silêncio, a raiva de minha irmã passara, senti mesmo que ficara aliviada.

— Glorinha — disse —, não vou arrumar casamento para ninguém. Carlota ama Pedro, e isso me alegra, será ótimo cunhado e amoroso esposo, é pessoa de bem. Quero-as muito e desejo que sejam felizes, ou aqui ou casadas com quem amem. Glorinha, terá de arranjar um marido sozinha. E olhe lá, não será fácil, com seu gênio, mas não tenho dúvida de que será seu esposo o mais feliz dos amados.

— Obrigada, Jorge. Também acho que devemos escolher nossos companheiros, esposo ou esposa que agrade, se não encontrar ficarei solteira e com muito orgulho. Sabe por que, Jorge, mulher solteira é tão mal vista? Parece que não teve ninguém que a quisesse e nunca se diz que foi ela que não quis ninguém. Por agora, não se preocupe, não quero nem ouvir falar de compromisso. Quero ajudá-lo, Jorge, não estamos lá muito bem e quero que saiba que pode contar comigo. Jorge, deixaria eu aprender com os negros e empregados a atirar?

— Filha! — mamãe estava admirada com Glorinha.

— Pode. Mamãe, a luta é nossa. Acho mesmo que você também deve aprender a se defender.

— Armas são para homens! — disse escandalizada mamãe.

— Em ocasião de paz — disse Glorinha. — Não tem nada de mais. Posso até andar armada.

— Não sei, se Pedro concordar, aprenderei também — disse Carlota.

— Jorge, posso levar Joana ou Bárbara para me fazerem companhia? Amanhã mesmo começo a aprender.

Jantamos em silêncio e fomos deitar cedo.

No outro dia, pela manhã, fui à cidade. Comigo foram Nércio, Benedito, Samuel e Leôncio. Primeiramente fui à delegacia. O delegado, doutor Tomás, atendeu-nos com cortesia, deixando logo claro que não gostava de intervir nas diferenças dos coronéis. Ali estava para pôr ordem, prender criminosos comuns e escravos foragidos. Fez a ocorrência, interrogou os três que estavam com José. Eles viram pouco e não puderam ajudar muito, repetiram mais uma vez o que havia acontecido.

Tinham ido ver o cafezal, José, Benedito e Samuel, de carroça, quando ouviram o disparo e José caiu. Não viram nada e não havia como subir no barranco; preferiram ajudar a José.

Rumaram para a fazenda e encontraram Nércio a cavalo que estava atrás de uma novilha. Então veio na frente para avisar.

— Doutor Jorge — disse o delegado —, como vê, não viram ninguém e nem sabem de muita coisa, será difícil achar o culpado. Mas me empenharei e cumprirei meu dever.

Agradeci e saí nervoso; mamãe tinha razão, doutor Tomás não ia mover uma palha para descobrir o assassino do meu irmão. Rumei para o armazém, achei munição e comprei grande quantidade, mas não havia armas.

Encontrei na cidade muitos conhecidos e amigos. Cumprimentaram-me apressados. Entendi que não queriam tomar partido; para todos haveria luta, venceria o mais forte, era desaconselhável demonstrar preferência pelo mais fraco, que era eu na opinião deles, o "doutor almofadinha", cheirando a livros.

Sempre fomos amigos de muitos, em nosso cofre havia muitas letras de empréstimos. José, como meu pai, não negava favores, ajudando a todos. Mas muitos pareciam ser amigos só nas necessidades deles. Com os acontecimentos, era dar uma peneirada, e ficariam só os amigos de fato. Como também não escondia que nosso inimigo era o impiedoso coronel Francisco de Souza.

Ordem e disciplina

Depois de ter ido ao armazém, passei pelo cemitério para uma pequena visita ao túmulo dos meus dois entes queridos. As flores ainda estavam bonitas em cima do sepulcro. Orei, porém senti ali um lugar tão frio, tão solitário e triste, que pensei:

"Papai e José não podem estar aí neste lugar frio e sem vida. Somos eternos, vivemos além do corpo e não é aí, debaixo desta terra, que estarão".

Prometendo a mim mesmo não voltar mais ao cemitério, fui para casa. Estava calado, não tinha vontade de conversar; nem olhava a paisagem, lugares que achava lindos e tão queridos. Fiquei a cismar, como faria para defender os meus. Não queria capangas iguais aos dois homens do senhor Amadeu, criminosos, na fazenda. Teria de treinar, armar os homens que tinha.

— Martins! — sorri, dizendo baixinho.

Que feliz lembrança. Martins estudara comigo na França, voltara para o Brasil havia dois anos. Seu pai era comerciante, e entre tantas coisas que comerciava tinha também armas europeias que me interessavam no momento. Residia em São Paulo, e seu endereço estava anotado em meu caderno de notas. Lembrava bem de Martins: era alegre e fanfarrão, não gostava de estudar e voltara sem concluir seu curso de direito. Gostava de armas e entendia bem delas, comprava-as e as remetia para o pai, enquanto estivera na França.

Não era aconselhável eu viajar no momento, mas podia mandar alguém de confiança até ele e tinha a certeza de que me venderia as armas melhores e mais modernas que possuía.

Outra coisa que me preocupava era se não teríamos algum espião, um traidor na fazenda, alguém que poderia passar informações ao coronel Francisco por dinheiro. Teria de usar muita precaução. Resolvi escolher alguns negros e empregados para tarefas de confiança. Fui pensando em quem poderia mandar para São Paulo.

Talvez Tião. Sim, Tião seria ideal, viajava sempre, conhecia toda a região. Era forte e esperto, sabia ler e escrever, era trabalhador e eu sentia no seu olhar o carinho por nós, seus senhores. Tião era alegre e prosa, contava sempre sua história e a de seus pais:

— Meus pais moravam numa fazenda e vivíamos numa imunda senzala. Éramos fechados à tarde e só saíamos para o trabalho que era em todos os dias, sem descanso. Meu pai era forte, trabalhador, nunca tinha dado motivo de queixa aos seus senhores. Eu tinha nove anos e já trabalhava. Um dia, minha irmã pequena, éramos então seis irmãos, teve febre alta. Vendo a filha morrer à míngua, meu pai pediu, implorou ajuda ao capataz e recebeu em troca ofensas, o que o fez se enraivecer e dar uns socos nele. Correram os outros, e meu pai foi para o tronco para ser castigado. Deixaram-no com as costas retalhadas pelas chibatadas e, não satisfeitos com esse castigo, no outro dia levaram-no para ser vendido, separando-o da família para servir de exemplo. Um negro não tinha direito de levantar a mão para atingir um branco. Amarraram-no e puxaram-no numa corda; nem o deixaram despedir-se de nós. Estava partindo e minha irmãzinha morreu, minha mãe chorava desesperada. Eu era o mais velho, não entendia o porquê desse castigo e fiquei com muito medo de apanhar também.

Passaram-se os dias, mamãe estava tão triste que emagrecera e enfraquecera. Um dia, à tarde, tiraram a gente do trabalho e levaram-nos para o pátio. O capataz disse somente:

— Vão partir, foram vendidos, não devem levar nada.

— Todos? — indagou mamãe, abraçando-nos.

— Sim.

— Mas e minhas irmãs e minha mãe? Por que nos vendem?

— Recebi uma bofetada como resposta. Abraçados, entramos na carroça, onde fomos amarrados, e partimos.

Saímos da fazenda e, logo após distanciar mais, um dos empregados soltou-nos e deu-nos água e comida, que comemos esfomeados. Ele nos disse:

— A vida de vocês vai mudar. Pena não poder comprar todos os escravos desta fazenda. Vocês não precisam ter medo, quem comprou vocês é boa pessoa, o mesmo que comprou Justino, porque teve dó dele. Sim, Justino, seu marido, o pai de vocês. Vão encontrar com ele. Vamos, comam com calma, devagar. Amanhã chegaremos.

Mamãe ria e chorava, mas estava desconfiada. Eu fiquei contente, estava comendo coisas diferentes da comida medida que tínhamos. O empregado nos dera frutas, pão, doces, carne-seca. E comemos até enfartar.

No outro dia, chegamos na Sant'Ana, avistamos meu pai, limpo, bem-vestido a esperar-nos na porteira. Papai e mamãe abraçaram-se felizes, chorando alto, emocionados, e acabei chorando também.

Acomodaram-nos numa casa, deram-nos muitas coisas e nos maravilhamos em viver aqui.

Meu pai sempre contava a nós o que lhe acontecera. Saiu sofrendo tanto da fazenda com o castigo, tanto física como afetivamente, com a separação dos seus. Fizeram-no andar faminto e sedento, puxado por cordas até a cidade para ser vendido.

Um senhor comprou-o, nem se interessou em ver quem era. Foi colocado na carroça e lhe deram água, ao chegar à fazenda foi desamarrado, colocado num leito e vieram um negro e Maria, que era jovem naquele tempo, a cuidar dos seus ferimentos, e deram-lhe água e comida. Maria, curiosa, quis saber o que acontecera com ele. Meu pai, chorando, contou tudo. Ela foi logo contar para sinhazinha Ana e esta contou ao filho. Sinhô Joaquim veio ver meu pai.

— É verdade, negro, tudo o que contou à Maria?

— Sim, sinhô, é verdade.

— É triste saber o que fazem certos senhores de escravos. Comprei você porque tive pena, estava tão machucado e desanimado! Tem razão de chorar e de estar agoniado assim, foi separado dos seus. Vou ajudá-lo novamente, mandarei Manuel e Severino comprar sua mulher e filhos. Não se alegre ainda, mandarei comprá-los, mas não sei se eles os venderão. Se sabe rezar, homem, peça esta graça a Deus.

— Meu pai esperou aflito a volta dos dois empregados. Viu que a Fazenda Sant'Ana era um paraíso para quem tinha de, pela cor, ser escravo.

Meu pai morreu grato aos Castro e Alves, foram felizes aqui, tiveram mais filhos e contava sua história sempre para os outros escravos da fazenda para que dessem valor à forma de vida que tinham aqui. E todos nós somos gratos também. Meu pai dava a vida pelo sinhô Joaquim, e eu e meus irmãos, por todos da casa-grande.

Tião conhecia muitos lugares; e um dia perguntei-lhe:

— Tião, não deseja ser livre?

— Ser livre, preto, sinhozinho? Posso ser liberto, mas livre, não. Não desejo ser alforriado, não, sinhô. Para fazer o quê? Ser um empregado e ser tratado miseravelmente? Aqui estou bem.

Tião ganhava muitas recompensas e comprava coisas para sua casa, para sua mulher e filhos. Gostava de botas e as comprava de cano alto e boas. Tião e seus irmãos eram fortes, altos, trabalhadores e amigos. Desde mocinho viajava ele com meu pai, fora buscar-me no Rio e tinha ido duas vezes a São Paulo com papai.

Irão Samuel e Tião, porque não seria recomendável um negro viajar sozinho. Samuel era empregado nosso de confiança, nascera na fazenda, era bom e corajoso. Amava muito sua família, ainda havia pouco contava a Nércio as artimanhas de seus filhos. Quando falava da esposa, seus olhos brilhavam demonstrando continuar amando-a muito. Samuel era casado com uma negra, escrava da fazenda, seus pais não queriam, mas comprou-a de meu pai e casaram, viviam tão felizes que Benedito e a esposa aceitaram a nora. E tinham filhos mulatos, muito bonitos.

Ao chegar em casa, disse a Nércio:

— Nércio, chame Manuel, Tião e Samuel, e venham ao meu escritório.

Esperei-os; logo que estávamos reunidos, fechei a porta.

— Vocês quatro são como meus braços, amigos em quem confio. Não quero briga, como já disse, mas quero defender-me e defender a todos os moradores de Sant'Ana. Estou preocupado porque sei que somos fracos diante do coronel Francisco, que tem sob suas ordens capangas bem armados. Não quero, não desejo encher a fazenda desses homens do mundo, sem moral nem temor. Logo que for possível mando de volta os dois homens do senhor Amadeu. Terei de dispor dos meus homens mesmo, são de confiança. Armarei um plano de defesa. Quero, Nércio, que escolha mais duas famílias, sem crianças, para morar nos quartos dos fundos da casa-grande, junto de você, Joana e Bárbara; devem saber atirar e ser de confiança.

— Deixará a casa bem guardada, não é, sinhô? — disse Manuel. — Meus filhos se casaram, moramos só eu e minha velha; se quiser, venho.

— Quero, e fico feliz. Também quero os empregados agora como guardas, que trabalhem menos, observando mais. Tirem uns doze negros, dos melhores, inclusive os irmãos de Tião, e que lhes seja dada a tarefa de guardas.

— Guarda-costas farão trabalho de jagunços, sinhozinho? — indagou Nércio.

— Prefiro dar o nome de vigias, de guardas, mas é isso, Nércio, jagunços, porém serão diferentes, não para saírem matando e, sim, defendendo.

— Tiraremos muitos do trabalho — disse Nércio —, aumentará o serviço.

— Já pensei nisto. Hoje no armazém escutei a conversa que o coronel João dos Santos está vendendo escravos para pagar dívidas; tenho em meu poder letras dele, atrasadas. Quero, Manuel, que você e Nércio levem mais uns empregados, vão lá e certifiquem se é verdade. Adquiram famílias, famílias, entenderam? Não quero separar parentes. Escolham negros bons e pacíficos. Assim, teremos mais gente por aqui. Manuel, diga ao coronel João dos Santos que venha, por favor, se fizer negócio, amanhã aqui para acertar.

— Quantos devo comprar?

— Quantos acha de que necessitamos?

— Tirando tantos do serviço, calculo de vinte a trinta.

— Certo, Manuel, e ao trazê-los, acomode-os no galpão; depois, nas casas disponíveis. Se necessitar, tire todos do serviço, façam mutirão e construam outras casas. Vamos agora ao assunto mais importante: armas! Sabem que estamos mal armados. Lembrei-me de um amigo que mora em São Paulo e que comercia armas. Quero que prometam guardar segredo do que vão ouvir. Vou comprar armas, bem modernas e boas, e muitas. Não posso me ausentar da fazenda, por isso os chamei aqui, quero que vocês, Tião e Samuel, vão por mim. Podem recusar, é um pedido.

— Vou — disse Tião.

— Quero ajudar o sinhô, depois é justo que nos preocupemos como o sinhô. Num ataque não serão somente os Castro e Alves que morrerão — falou Samuel preocupado. — Eu vou.

— Levarão uma carta para esse meu amigo, comprarão as armas e voltarão. Meu plano é este: partirão amanhã, quanto mais depressa recebermos as armas, melhor. Sairão na madrugada, irão a cavalo, escolham dois bons, dos melhores; lá comprarão uma boa carroça e nela trarão as armas. Levarão uns três dias para ir, mais dois para acertar o negócio, na volta de carroça demorarão mais, acredito, mas logo estarão de volta. Levarão... — disse uma quantia grande de dinheiro.

— Sinhô Jorge vai confiar a nós tanto dinheiro? — indagou assustado Samuel.

— Confio. Conheço os dois e sei o quanto são honestos. Depois, Samuel, irão só, aqui ficarão suas famílias, será o dinheiro mais valioso que elas para vocês?

— O sinhô pode confiar em mim — disse Tião. — Vou e volto com as armas.

— Em mim também, sinhozinho Jorge. Podemos esconder as armas debaixo de mercadorias baratas. O plano é bom, um branco e um escravo não chamarão a atenção.

— É isso, Samuel, agora o mais importante, ninguém deve descobrir! Temo que a notícia se espalhe; o coronel Francisco deve saber só quando tivermos as armas em nosso poder. Não digam nem para as pessoas da família. Partirão dizendo que irão às vilas vizinhas, nas redondezas, conversar com os delegados e verificar se não sabem de criminosos que rondaram por aqui.

Discutimos mais o nosso plano, os detalhes; após, saíram os quatro para as providências que teriam de tomar e fui escrever a Martins. Saudei-o, lembrando os bons eventos que passamos juntos e pedindo o favor de vender-me armas boas e munição. Narrei, superficialmente, os fatos e o porquê de necessitar de armas. Temendo que não o encontrassem, escrevi também a seu pai, fazendo o mesmo pedido.

À tarde, vieram pegar o dinheiro que foi colocado em duas bolsas de couro, uma Samuel levaria, outra, Tião. Dei-lhes as cartas, e fiz as últimas recomendações.

— Conheço esse lugar, sinhozinho — disse Tião. — Sinhô Joaquim foi lá comprar tecidos para as meninas.

— Será fácil. Partam com Deus e que Ele os proteja!

Saíram e pedi em oração a Jesus que os protegesse. Iam com muito dinheiro e isso seria grande tentação. Poderiam ser assaltados, correr perigo. Mas o plano era bom, só os dois, não chamariam a atenção de ladrões. E não havia escolha, se eu não podia ir, precisava confiar neles e tinha a certeza de que escolhera certo.

De madrugada, partiram os dois, e para todos iriam às vilas vizinhas; e mamãe comentou, desiludida:

— Jorge, será que os dois acharão alguma pista? Ilude-se assim, filho? Sabemos quem mandou matar seu irmão. Será conveniente tirar dois homens como Samuel e Tião da fazenda?

— Mamãe, pode ser que achemos uma pista, pode ser que um dos delegados se interesse pelo caso. Todo esforço é válido, esperemos.

No outro dia, Manuel e Nércio vieram com dez negros fortes e aptos para o trabalho. Eram seis famílias, totalizando umas trinta pessoas. O coronel João dos Santos tratava bem seus escravos; não estava bem de situação, e ao enviuvar dera para gastar, ele e seus dois filhos, com jogo e mulheres.

Recebi-os, vinham felizes, todos na redondeza sabiam como viviam os escravos em nossa fazenda. Disse a eles o que fariam e as regras a ser obedecidas; liberei o dia para descansarem e se ajeitarem. Dei ordens a Benedito para vigiá-los, orientá-los e que ficariam sob suas ordens. Tínhamos lugar com as mudanças feitas, porque dois casais foram para as dependências da casa-grande, embora mamãe não tivesse achado bom, mas era seguro; havia quatro casas desocupadas e as duas que faltavam começariam a ser feitas no outro dia. Ficariam no galpão, alojadas, as duas famílias.

Logo após, chegou coronel João dos Santos para acertar a venda. Devolvi as letras, embora a compra dos negros não cobrisse a quantia a mim devida. Mas dei por acertado. Agradecido, partiu o coronel João.

Todos os sábados, os negros reuniam-se no pátio no centro de suas casas para dançar, cantar e conversar até tarde da noite, porque no domingo não trabalhavam.

— Sinhozinho Jorge, os negros me pediram para perguntar se podem se reunir amanhã. Irão cantar e rezar para o sinhozinho José.

Pedi para Nércio esperar e fui consultar mamãe.

— Deixa-os, Jorge. Quando seu pai morreu, José deixou, e cantaram triste e bonito, é o jeito de eles se despedirem, gostavam tanto de José!...

Dei a permissão. No outro dia, acordei saudoso, lembrei-me tanto de minha avó que fui ao seu túmulo no cemitério da fazenda.

"Por que será que quis ser enterrada aqui?", pensei. "Será por que seu filho de doze anos também o fora?"

Vovó Ana perdera um filho com doze anos. Na época meu avô brigara com o padre, e ele fez o cemitério no lugar mais alto da fazenda, rodeou de árvores e enterrou o filho ali. Papai contava-nos sempre que vovó, sentindo-se muito doente, pedira para ali ser enterrada e dissera: "O corpo vira pó onde quer que seja enterrado, e quero ser pó no lugar que amo".

Lembrei dos sonhos que com ela tivera:

"Oh, vovó! A senhora tinha razão, encontrei minha terra diferente, sem meu pai, sem meu irmão, ameaçado de uma vingança sem razão. Vovó, se me escuta, ajude-me! A senhora tentou prevenir-me em sonhos; se pode, auxilie-me a ser digno de cuidar desta gente, destas terras e a defender com honra a todos."

Senti-me melhor, voltei para casa; o dia passou lento e logo à noitinha os escravos começaram a cantar tristemente. Nércio veio chamar-me, queria falar em particular, fomos ao escritório:

— Sinhozinho, três que estão de castigo insistem em ficar na reunião.

— Quê, Nércio! Três sem recompensas? Por que tantos assim?

— Não sei não, sinhô, são cinco, os outros dois estão em suas casas.

— Há sempre os mais rebeldes que querem testar a autoridade dos novos donos. Vamos lá.

Quando entrei no pátio, pararam de cantar e todos me olharam curiosos.

— Quem sem recompensa está aqui? — indaguei alto.

— Eu, sinhô.

Reconheci Domingos, um negro alto e forte, respondeu-me com a cabeça empinada e olhar desafiador.

— Ordeno que volte. Como disse a todos, não mudaram os costumes da fazenda, tudo é como antes.

— Se não quiser, sinhô? — respondeu com um risinho. — Mandará bater-me? Aqui nem tronco tem...

— Queria que tivesse tronco aqui, Domingos? Não mando bater, bato eu! Desafio você, braço a braço, lutemos. Se ganhar, fica, se eu ganhar, voltará para sua casa.

Dei minha garrucha para Nércio, que me olhava, assustado. Tirei o paletó, camisa e botas.

— Começemos, Domingos. Lutaremos como dois homens que somos.

A luta durou minutos. Domingos lutava bem e eu também. Deixei-o estendido no chão. Todos me olhavam com admiração.

— Levem-no para casa. E os outros dois?

Nem responderam, saíram correndo.

— Vamos, Nércio.

— Lutou como um leão, sinhozinho!

— Estava precisando de um treino. Nércio, temeu por mim, hein?

— Temi, sim. Domingos luta capoeira, e eu estava pronto para interferir. Nunca vi isso, um sinhô lutar com escravo. Mas me orgulho do sinhô, agiu bem, certo.

— Foi meu mestre, Nércio. É o melhor lutador de capoeira que já vi. Lembro-me dos tempos felizes em que ensinou a mim e a José lutar.

— Isto foi há tempo, tive medo que perdera a forma.

Sorri. Não só estudava engenharia na França, como eles pensavam. Aprendi muitas outras coisas. O pai de um dos meus colegas era capitão do Exército, em Paris, e permitiu que treinassem o filho e um grupo de amigos em seus ginásios. Lá ia, sempre que me era possível; aprendera a atirar, a usar espadas e facas, e a lutar. Estudava comigo um chinês, Ianchi, meu melhor amigo, ele ensinou-me formas de luta corporais que usavam no oriente. Assim, não fora difícil vencer Domingos, lutador de capoeira, mais alto e forte que eu.

— Domingos, sinhozinho, será motivo de riso por muito tempo na fazenda, é tido como valentão e temido pelos outros. Sinhô Jorge adquiriu autoridade sobre eles. Duvido que alguém mais o desobedeça.

— Nércio, entremos pela cozinha, não quero que mamãe me veja assim, vou pedir para Joana me fazer uns curativos.

Ferira-me em três lugares: nos lábios do lado esquerdo, na testa e no ombro.

Joana passou remédios caseiros nos meus ferimentos, vesti minhas roupas e fui para a sala tomar chá para dormirmos. Escondi com as mãos, meus ferimentos. As quatro estavam silenciosas e pensativas, não prestaram atenção em mim, nada percebendo. Depois se despediram e retiraram-se para seus quartos. Dava para ouvir o canto triste dos escravos. Não tinha sono e fiquei na sala, folheando um livro da estante.

Foi quando novamente Nércio veio chamar-me:

— Sinhozinho Jorge, temos outro problema, Dimas violentou Sarana, a filha do Chico Parreira. Eles o amarraram e estão aqui no pátio à espera do sinhô.

— Quê, Nércio! Aquela mocinha? Ai, meu Deus! Que acontece com estes negros?

— Dimas pegou Sarana no cafezal à tardinha, na volta do trabalho, veio e agiu como se nada acontecera, deixando-a lá, toda machucada. Como demorou a voltar, a mãe se preocupou, e Chico, que está de guarda agora, foi com os filhos menores procurá-la; encontraram-na voltando com dificuldades. O malandro ainda ameaçou-a para não contar a ninguém, porém ela contou ao pai. Chico pegou-o e amarrou-o; estão aí fora.

— E a mocinha?

— Tem treze anos e é muito bonita. Está na sua casa, Maria e Joana foram cuidar dela, a coitadinha treme e chora sem parar.

Dei um murro na mesa, que assustou Nércio.

Meu avô viera de Portugal, menino ainda, ajudou seu pai a desbravar esse sertão, formara a fazenda com ajuda barata dos escravos e, desde seu tempo, os escravos eram respeitados na sua intimidade. Viviam como famílias, casavam e as mulheres eram respeitadas, não serviam de pasto nem para seus senhores, nem para empregados, nem para os negros. Meu pai nunca permitiu que eu ou José desrespeitássemos uma negra. Ai de nós se ousássemos desobedecê-lo! Aprendera desde mocinho a controlar o sexo e a ter respeito pelas mulheres, qualquer que fosse sua cor.

A raiva tonteou-me, respirei fundo, controlando-me!

— Vamos, Nércio, será feito o que meu pai fazia.

Muitos dos escravos ali estavam. Chico segurava a corda em que Dimas estava amarrado muito bem pelos pulsos.

Estavam todos em silêncio, esperando meu pronunciamento.

— Chico, tem a certeza da culpa de Dimas?

— Tenho, sim, sinhô.

— Dimas, é culpado?

Dimas estava assustado, temendo mais a Chico que a mim, mas respondeu alto:

— Sou.

Olhei com raiva para ele e minha vontade no momento era deixá-lo nas mãos de Chico, mas não queria violência. Papai sempre dizia que violência não educa ninguém, só gera ódio. Controlei-me para não o surrar, disse com desprezo:

— Nem lutar com você quero, negro sujo. Não é digno de ser homem de lutar com um homem. Poderia deixar Chico surrar você, mas por muito que apanhe, é pouco pelo que fez. Seu crime não tem perdão. Que todos escutem: não tem perdão! Que seja vendido amanhã cedo.

Mamãe e minhas irmãs levantaram-se assustadas, estavam na varanda abraçadas, escutando-me. Os negros curiosos aproximaram-se para saber do ocorrido. Ninguém contudo interferiu; continuei firme:

— Que passe a noite amarrado, bem amarrado na frente do galpão! Os guardas devem velar para que ninguém chegue até ele, se alguém quiser soltá-lo, será vendido com ele. Aproveito que estão todos reunidos para afirmar que aqui estou para mandar e ser obedecido. Empregados são livres para pedir demissão e partir. Aos escravos, dou a liberdade de querer ficar ou ser vendido. Se aqui tem alguém insatisfeito que fale ou obedeça, porque não tolerarei indisciplina!

Domingos adiantou-se:

— Eu quero ir com Dimas.

— Que seja. Amanhã irão cedo para a cidade e que todos estejam aqui para ver. Irão amarrados, porém a cavalo. Manuel e Benedito os levarão, peço também a um dos homens do senhor Amadeu para acompanhá-los.

Um deles adiantou-se, parecia se divertir com meu procedimento, com minha luta com o escravo e com meu estranho castigo. Na fazenda do senhor Amadeu, os escravos eram bem tratados, bem alimentados, tinham folgas, faziam festas, moravam em senzalas espaçosas e eram raros os castigos, mas longe de ser como na Fazenda Sant'Ana.

Com tudo resolvido, esperei que amarrassem Dimas e voltei para casa. Os escravos também se dispersaram, foram para suas casas; com os acontecimentos a reunião deles acabou, perderam a vontade de cantar.

As mulheres entraram em casa comigo, nada comentaram e fomos deitar.

Demorei a dormir pensando nos episódios tumultuados da minha volta.

No outro dia cedo, levantei apressado com Joana a me chamar. Troquei de roupa e fui para o pátio, e lá estavam todos os que foram ver os que iam para a cidade. Chamei Manuel e disse-lhe baixo:

— Hoje, domingo, não será difícil vendê-los. Procure pedir preço justo por eles, mas pode fazer abatimento. Está autorizado a fazer qualquer negócio, que sejam vendidos nem que seja para o senhor Miliquias. Não os quero de volta, negocia-os ainda hoje, porque não quero você e Benedito longe da fazenda por muito tempo.

Manuel concordou com um "sim, sinhô". Espantou-se quando disse senhor Miliquias, que nos era antipático, um velho indecente que negociava negros na vila. Dei a ordem.

— Podem partir.

Ajudaram Dimas a montar no cavalo. Domingos despediu-se da família; sua mãe e irmãs choravam muito e sua mulher estava inconsolável.

Benedito puxou-o pela corda, pois já se achava amarrado.

Domingos correu para meu lado. Ao ver seu gesto, saquei da garrucha e apontei para ele. Mas Domingos, arrependido, ajoelhou-se a meus pés, lágrimas corriam pelas faces:

— Perdão sinhô, perdão. Não quero mais ser vendido. Deixe-me ficar, não desobedecerei mais, nunca mais. Serei bom.

Ia responder concordando, mas esperei. Olhei para todos e disse alto:

— Que seja feita uma votação, porque Domingos não está sendo castigado, foi escolha dele partir, e agora se arrepende e quer ficar. Que seja decidido pela maioria, se foi bom colega, ficará. Levante a mão direita aqueles que querem que Domingos fique.

Contei alto, foram poucos os que não levantaram a mão.

— Desamarrem-no e que fique!

— Obrigado, sinhô, obrigado!

Correu para os seus, que o abraçaram, felizes.

Dimas em cima do cavalo olhava tudo cinicamente com a cabeça erguida, desafiando-me e também a Chico, com olhares irônicos. Só sua mãe chorava; seu choro triste apiedou-me, mas por ela nada podia fazer. Quem manda não pode ter dó de alguém, se este ameaça o bem-estar de muitos. O exemplo tinha de ser dado, se não, violências daquele tipo seriam comuns na fazenda. Olhei para Dimas, encarando-o; não olhava para sua mãe, que chorava, parecia ou se fazia de contente, com um risinho maroto, não se despediu de ninguém e ninguém se atreveu a se despedir dele. Olhando, entendi o porquê de muitos senhores surrarem às vezes até a morte certos escravos como Dimas, cínico e arrogante. Não seria eu a mandar surrá-lo, quem o comprasse saberia que os Castro e Alves não vendiam à toa seus escravos, e acostumar-se a outra forma de vida não seria fácil a ele. Dei a ordem:

— Podem partir.

Partiram a galope e logo não mais os via na estrada. Tanto os empregados como os escravos olhavam-me com respeito. A reunião se desfez. Com passos largos, voltei para casa.

"Ordem para ter disciplina!", parecia-me escutar vovó Ana e lembrei-me do pastor Germano. Pareceu-me ouvi-lo:

"Autoridade, meus filhos, deve ser exercida com sabedoria e bondade. Ser bom é ser justo, não frouxo. Quem tem temporariamente poder sobre outros deve proteger os fracos dos fortes, os bons dos maus, fazendo todos viverem bem. Se crimes e violências acontecerem e não se tomarem providências, pagarão eles juntos com os criminosos. Na Terra ainda uns têm de mandar, serem líderes da maioria, mas ai deles se exercerem mal essa liderança. Felizes os que mandam com sabedoria e agem com justiça!".

Ao entrar em casa, aguardavam-me para o desjejum; todos estavam silenciosos e pensativos.

Meditando sobre diferenças

Sentei-me num canto da varanda e fiquei meditando no que me dizia sempre Ianchi. Recordando a expressão de Dimas, dei razão a ele, a suas ideias. Falava-me sempre:

"Jorge, não vivemos uma vez somente, não tivemos só este corpo que usamos agora, a alma, o espírito é eterno e renasce na Terra, toma o corpo fetal, encarna, quantas vezes forem necessárias ao seu progresso. Ao sermos criados, somos ignorantes e, em cada passagem pela Terra, vamos aprendendo, desenvolvendo a inteligência, adquirindo experiência. Tudo o que fazemos a nós pertence, o bem ou o mal. Nossa obra é nossa; nos pertence, as boas são tesouros que nos dão a fartura do conhecimento, do aprendizado, das virtudes adquiridas. As más obras são dívidas que contraímos, que um dia temos de resgatar pelo bem, construindo, reparando faltas. Oportunidades pelo amor são dadas, mas, se nos negamos a aproveitá-las, vem a dor, esta sábia companheira, a nos corrigir, a nos chamar à realidade para a vida maior. Não vê tantas diferenças, Jorge? Tantas pessoas na fartura, outras na penúria, uns belos, outros feios, senhores e escravos.

Deus seria justo diferenciando tanto assim seus filhos? Não seremos nós mesmos que fazemos essa diferença? Se um caminha, e outro para, ocioso, não podem estar no mesmo lugar. Deus é justo, nós é que não entendemos bem seus desígnios".

Ianchi falava-me tanto sobre o assunto, acreditava com tal fervor na reencarnação, que fui me convencendo, cheguei até a comentar com pastor Germano e foi com admiração que ouvi:

"Conheço a filosofia oriental, acho-a justa e simples. Para mim, a verdade está nos ensinos que compreendemos e acreditamos. É bem justa a lei do carma, de causa e efeito, da reencarnação, porque confirma a bondade do Pai, que não condena seus filhos a castigos eternos, mas, sim, dá sempre oportunidades de reparar, construir e aprender aqui na Terra mesmo. Mudamos de corpo, para o recomeço, com a sabedoria do esquecimento. Não faz muito tempo, Jorge, conheci um rapaz que, com dezesseis anos, matara cinco pessoas, estuprou duas meninas e acabou sendo assassinado. Não acha que dezesseis anos de erros é pouco tempo para uma condenação eterna? Não merece esse espírito novas oportunidades? Não posso expor estas ideias; são contrárias à religião que sirvo. Sinto no íntimo que são verdadeiras e, se assim forem, espalhar-se-ão pelo mundo. A verdade, Jorge, vem devagar, é como a luz que, forte, cega. Nascerá como a Aurora, no Ocidente, e se fortalecerá nas pessoas de boa vontade."

— Ai, que vontade! — resmunguei. — Que vontade de conversar com eles, trocar ideias com o pastor Germano. Ia escrever a eles, aos amigos, mas como o que tinha a contar era tanto e tão demorada a correspondência que, quando recebesse a resposta, muitas coisas já teriam mudado. Entendia mamãe por não ter escrito sobre papai e o casamento de José.

Pensei novamente em Ianchi, um oriental simpático e inteligentíssimo. Voltara para a China na mesma semana em que eu regressara ao Brasil. Concluiu seus estudos, sendo admirado por colegas e mestres pela simplicidade e sabedoria.

"Ah! Se você, Ianchi, estivesse aqui, entre senhores e escravos, confirmaria bem sua crença!"

As diferenças eram muitas. Por que um espírito, um indivíduo ia ser escravo? Se nascemos uma só vez, por que esta diferença? Recordando Dimas com sua arrogância, parecia mais um senhor que um escravo. Será que não o tinha sido? Será que não fora em outra existência um senhor cruel que voltara na cor negra para dar valor aos ensinos de Jesus: "Somos todos irmãos e faça a outros o que quer que lhe façam!"

Ali, na fazenda, havia muitos casos a meditar, como o de Maria, sábia nas curas. Quem lhe ensinara? Ninguém, era dom dela ou aprendera em outra existência?

Mesmo comigo, qual o porquê de achar a França conhecida sem nunca antes nesta vida ter ido lá, e como recordei de tantos lugares e fatos?! A facilidade com que aprendera o francês e como falava corretamente, sem sotaque. Vivera na França?

Lembrava também de Tonho, um negro forte, ocioso, que não gostava de trabalhar, estava sempre brigando, e bastava alguém chamá-lo de negro para se ofender e revidar. Já estava com vinte anos, não queria constituir família porque dizia sempre não gostar de negras. Começou a rodear a casa-grande e olhar muito Carlota, que nessa época estava com oito anos. Meu pai o proibiu de chegar perto da casa e de nós. Tonho teimou, olhava para Carlota com cobiça, preocupando meu pai, que lhe tirou as recompensas e falou aos pais dele para aconselhá-lo, porque, se desobedecesse outra vez, seria vendido. Sua mãe contou que ele achava lindas as meninas, mulheres brancas, e que era revoltado por ser negro. Após uns dias, Bárbara contou ao papai que Tonho se aproximara de Carlota quando brincava no quintal e que o vira passando a mão nos seus braços, mas fugiu logo que a notara. Meu pai chamou sua família e lhe disse que ia vender Tonho, se quisessem poderiam ir junto. Responderam logo que queriam ficar e meu pai admirou-se por ninguém pedir por ele, nem sua mãe. No outro dia, foi levado e vendido longe, ninguém dele se despediu e nunca mais soubemos dele. Não teria sido Tonho um branco racista que, mesmo negro, não conseguia amar a cor negra?

Sempre se ouvia falar de brigas entre negros, até crimes. E, em castigos, os escravos nunca queriam ser surrados por outro negro, escolhiam brancos para chicoteá-los. Havia entre eles ódio, revolta, nem todos os escravos eram coitadinhos e inocentes, sendo alguns maus, mesmo. Não estariam eles num aprendizado na carne, pela dor? Sentia que sim, acreditava que sim, uns abnegados, bons, aprendiam; outros se revoltavam ante a oportunidade dada. Se assim não fosse, não poderia acreditar na Bondade de Deus, Pai de todos. Eu acreditava.

Senti um perfume, a imagem da vovó veio-me à mente. Aspirei profundamente, reconheci o perfume que minha avó Ana usava. Aspirei, senti-me abraçado e escutei, não com os ouvidos físicos, mas com a alma:

— Jorge, meu neto, continue firme no bem e na justiça. Se for bom, terá a mim sempre ao seu lado, eu o abençoo.

Quis falar, mas emocionado não consegui sair do lugar e foi mamãe quem me tirou do torpor em que me encontrava:

— Jorge, meu filho, quero falar-lhe: será a missa do nosso José, queremos ir na véspera, amanhã, e pernoitar por dois dias na casa da cidade. Você vem também? Vamos todos, então. Dá-me dinheiro, filho, quero dar uma esmola farta na igreja.

— Mamãe, além de pagar para rezarem ao José, quer dar mais dinheiro a eles? A Igreja é rica, mamãe, muito rica, não necessita de esmolas, nem pequenas, nem grandes.

— Jorge, a Igreja é pobre e ajuda aos pobres.

— Pobres de onde?

— Eu sei lá, o vigário manda dinheiro para os pobres de longe.

— Aqui não os tem?

— Tem.

— Então daremos para os daqui, são os mais próximos. Temos muito feijão, arroz e milho, levaremos e daremos aos pobres da vila por intenção do José. Que acha a senhora?

— Acho bom, mas quero dar também ao vigário.

— Feijão, arroz?

— Não, dinheiro. Você me dá?

— Por que pede a mim, mamãe?

— Você é o chefe da casa. É o homem que trata desse assunto — respondeu admirada com minha indagação.

— Quanto a senhora quer?

Disse ela a quantia.

— Tudo isso, mamãe? Darei a metade. Vou tomar as providências para irmos amanhã logo cedo.

Resolvemos, eu e Nércio, que iríamos na carruagem de festa, chamávamos assim a melhor carruagem que tínhamos. Seríamos escoltados por doze homens que voltariam à fazenda logo após, ficando quatro somente conosco. Na cidade não havia perigo, e, para voltar, iriam novamente para nos escoltar. Conosco viajariam algumas escravas para cuidar da casa e estas iriam na outra carruagem. Manuel ficaria no comando da fazenda durante nossa ausência.

À tarde, os homens que tinham ido vender Dimas voltaram e trouxeram com eles um negrinho. Manuel foi explicando ao me ver:

— Sinhô Jorge, a vila está sem movimento hoje, andei por todo lado oferecendo Dimas, ninguém se interessou, tive de negociá-lo com o senhor Miliquias; lá estava este negro, apiedei-me dele, tem vinte anos, sinhô, parece ter menos. Está doente, com febre, lá estava jogado sem cuidado. Comprei-o barato, aqui está o troco. Se o sinhô quiser, fico com ele, pago com meu dinheiro, pois comprei, fiz má compra, mas foi por dó.

— Agiu bem, Manuel, ficaremos com ele. Leve-o para o porão e peça à Maria para cuidar dele, vê se não é contagioso o que tem.

— Sim, sinhô — disse Manuel, alegre, ajudando o negrinho a descer do cavalo e a andar.

Logo mais, veio Maria dar notícias:

— Sinhozinho, Mané, o negrinho que Manuel trouxe, tem feridas por dentro, parece ser como a doença de seu pai. Coitado, foi vendido só porque estava doente. O malvado do senhor Miliquias teve lucro com ele e tratou-o mal.

— Vamos cuidar dele. Pode fazer isso, Maria?

— Claro, sinhô, gosto de cuidar de todos.

— Por que, Maria?

— Não sei, sinhô. Parece que fiz isso sempre, é algo que sei. Às vezes, tenho a sensação de que fiz isso por dinheiro, muito dinheiro, agora, faço só por carinho, por gosto!

Maria saiu e fiquei a cismar com o que ela dissera, não tinha dúvida de que Maria aprendera medicina em outra existência, num outro corpo.

Durante o jantar, Glorinha e Carlota começaram a indagar-me sobre a França e conversamos mais animados.

— Deixou amores por lá? — quis saber Carlota curiosa. — Pensamos que você poderia voltar casado.

— Não escondi nada de vocês, mas nenhuma me tentou para ter um namoro. Nunca voltaria casado, não daria este desgosto aos meus pais. Depois, como uma francesa iria se acostumar aqui?

— Aqui é tão ruim assim, Jorge? — perguntou Glorinha um tanto indignada.

— Não, Glorinha, aqui é maravilhoso. Mas a vida lá é diferente, as mulheres são mais emancipadas e já não obedecem aos homens como aqui.

— Como é possível? Assim vira bagunça — disse mamãe.

— Mamãe, homens e mulheres são iguais perante Deus, devem ser também nas responsabilidades. Bagunça, só se houver abusos de qualquer das partes.

Contei fatos interessantes, e elas ouviram atentas e curiosas, fomos dormir mais tarde. Animado com o calor da conversa, adormeci logo.

No outro dia, logo cedo, preparamo-nos para ir à cidade. Uma carroça grande foi carregada de mantimentos para darmos aos pobres da vila. Após o desjejum, partimos, acomodamo-nos na casa da vila. Era uma casa grande, bem mobiliada, muito bonita; um casal de escravos nela ficava para deixá-la sempre limpa e em ordem. À noite, recebemos visitas de amigos, mais de amigas da mamãe e das meninas. O rompimento do noivado de Glorinha e Abelardo foi o assunto preferido. No outro dia pela manhã realizou-se a missa, e a igreja ficou lotada. Após a missa, recebemos os cumprimentos dos amigos. Depois, mamãe levou-me à sacristia, fez tomar a bênção do vigário, o que fiz por educação. Sempre tive o conceito de que abençoar é dar fluidos, energias, algo de bom, de que quem abençoa dá espontaneamente.

Deu a ele a esmola, e o vigário não conseguiu esconder a decepção, pois esperava mais, certamente.

Em seguida, fomos distribuir os mantimentos pela redondeza. Mamãe e as meninas gostaram tanto, que prometi que faríamos sempre essas distribuições. Os "Deus lhe pague!", os "Obrigado!", eram canções, voltamos para casa, leves, como acontece sempre que fazemos o bem.

Recebemos muitas visitas à tarde e à noite. As mães casamenteiras olhavam-me, curiosas, fazendo questão de me apresentarem as filhas solteiras. Conhecia quase todas as meninas, fui educado, mas dei graças, quando saiu a última visita. No outro dia cedo, regressamos à fazenda.

Na carruagem, observando-as, vi o quanto eram indefesas, dependentes. A não ser Glorinha, as outras não saberiam viver sem ser conduzidas. Até mamãe, mais velha, não pensou em tomar nenhuma atitude. Do papai ao José, agora a mim pertencia o comando, segundo ela, que até dinheiro para esmolas me pedia. Fizeram-me o chefe, não teria como escapar. Como ir agora embora como planejara? Como deixar a fazenda? Teria o direito de vendê-la? Tocar neste assunto seria ofender mamãe, abandonar a fazenda seria matá-la de desgosto. E minhas irmãs, iriam? Tinha a certeza de que Carlota não, estava apaixonada demais pelo Pedro. Era melhor não pensar no futuro, bastavam as minhas preocupações do presente. Resolvi prestar atenção no que elas conversavam, comentavam sobre o bonito sermão que o vigário fez na missa para José e nos comentários dos amigos.

Chegamos sem problemas. Quatro dias se passaram, tranquilos. Quase à noitinha, regressaram Samuel e Tião com a carroça carregada de boas armas e muita munição.

Reunimos todos no pátio para ver as armas; encantaram-se com elas. Fiquei satisfeito com a compra, recompensei Samuel e Tião pelo bom desempenho da tarefa. Separei as armas, distribuí, ensinando-os a usá-las. Dei para Glorinha uma garrucha pequena muito bonita e outra para Bárbara, ambas já atiravam bem.

Martins respondera minha carta com uma missiva alegre, dando notícias dos amigos e colocou-se à disposição para me vender o que necessitasse.

Com o meu pessoal bem armado, fiquei mais tranquilo. Chamei os dois homens do senhor Amadeu e mandei-os de volta, gratificando-os bem.

Agora, todos os empregados e os escravos que separara para guardas andavam armados o tempo todo e também Glorinha, que prendeu sua garrucha na cintura, escandalizando minha mãe.

— Mamãe — disse-lhe —, Glorinha não sairá matando, fico mais tranquilo se pelo menos ela e Bárbara estiverem aqui em casa armadas e sabendo atirar. Deveriam todas fazer isso.

Planejei com todos os detalhes possíveis nossa defesa; de qualquer lugar da fazenda que recebêssemos um ataque, estaríamos prontos a defender. Não seria mais o coronel Francisco, nem qualquer outro, a tocaiar-nos, nem temeríamos qualquer ofensiva.

Tudo foi voltando ao normal, os negros novatos acostumaram-se logo ao nosso convívio, e não tivemos mais nenhum deles sem recompensas. As duas casas foram construídas, ficando todos bem instalados.

Nércio me falava de Leôncio, o tanto que era trabalhador; esquecera-me dos problemas dele e a promessa de ajudá-lo. Mandei chamá-lo.

— Leôncio, receberá seu salário como empregado na fazenda. Manuel e Nércio têm elogiado seu trabalho. Com tantos problemas que encontrei aqui, não pude ajudá-lo. Descobriu o paradeiro de sua mãe?

— Não, sinhô. Perguntei a todos na fazenda e ninguém sabe.

— Leôncio, vá perguntar ao pai Tomás, o velho que mora na Fazenda Assombrada, ele deve saber, conhece a todos por aqui.

— Na Fazenda Assombrada, sinhô?

— Até você já sabe e teme. Vá durante o dia, peça a Nércio para ir junto, ele conhece bem o pai Tomás. Aquele velho sabe das coisas, tem uma memória incrível. Também Leôncio, acompanhe a todos os que saírem da fazenda, vá junto às compras, vá perguntando, se ela estiver por aqui, acabará sabendo.

"Fazenda Assombrada" era como chamavam a Fazenda Olho d'Água, vizinha à nossa pela parte leste e norte, fazendo divisa conosco e com o coronel Francisco. Era uma fazenda pequena, de terra boa, lugar muito bonito, com muita água e com duas nascentes formando um pequeno lago, cercado de pedras e lindas árvores. Estava abandonada havia muito tempo. Sua história era conhecida por todos na redondeza. Há muito tempo, seu dono, um coronel de prestígio, enviuvara, casando novamente com uma jovem, muitos anos mais moça que ele e muito bonita. Dizem que fora obrigada ao casamento pelo pai, em resgate por dívidas com o tal coronel. A jovem esposa era muito infeliz e foi mãe de duas crianças. Veio em visita à fazenda um primo do coronel, moço e simpático, e ficou para uma temporada. Os dois jovens acabaram por se apaixonar. O coronel acabou desconfiando e pegando os dois conversando juntinhos, trocando juras de amor. Os dois juraram inocência, disseram não o ter traído, mas este, louco de ódio, amarrou-os, deixando-os dois dias no quarto, trancados. Nesses dois dias, o coronel vendeu sua colheita e todos os animais, tirou tudo o que tinha de valor na casa. Mandou os três filhos do primeiro consórcio para a capital da província. Ficaram os negros da casa e os empregados. Levou os escravos para o quarto e amarrou-os junto da esposa. Disse friamente que ia matá-los, os dois por traí-lo e os negros por não lhe terem contado. Os escravos, apavorados, juraram nada saber, pediram piedade, mas ele ria alto, não se apiedando dos negros, dos choros. Trouxe o casal de filhos pequenos e deu ordens para que os jagunços os matassem. Como se negassem a isso, ele mesmo os matou com facadas, diante da esposa, horrorizada. Depois pôs fogo na casa, dando a eles uma morte horrível! Morreram doze naquela noite de terror. Quando viram fogo, os vizinhos correram, porém nada mais puderam fazer. O fogo destruiu tudo, e o coronel olhava aquilo com indiferença. Pagou os empregados e os mandou embora, partiu em seguida. Ninguém mais morou na fazenda a não ser um ex-escravo, alforriado, o velho pai Tomás, como todos o chamavam.

Na fazenda, das construções só restaram ruínas, o mato tomou conta de tudo e logo começaram os comentários de que as almas da mulher do coronel e do amante passeavam de mãos dadas, trocando juras de amor. Diziam também que a primeira esposa aparecia com ódio da rival. Com o tempo, muitos afirmavam que os escravos apareciam, alguns deles com ódio do coronel. Bastou uns jurarem que haviam visto para o comentário se espalhar e o lugar ficou conhecido como Fazenda Assombrada. Mesmo tendo se passado tantos anos, temiam-na e poucos iam lá, e só durante o dia e até à cabana do pai Tomás. Ninguém se aventurava ir lá à noite, principalmente brancos, porque os negros fantasmas os atacavam com raiva.

A estrada para ir à vila era a mesma que usava o pessoal do coronel Francisco e nós próprios. Para ir à Fazenda Assombrada, em sua antiga sede, nas ruínas, tinha-se que passar em frente da nossa fazenda. Pelo abandono a estrada acabara e só se chegava a ela, a pé ou a cavalo.

De vez em quando, uma vez a cada dois anos, o filho mais velho do tal coronel vinha ver a fazenda. Algumas pessoas se interessaram em comprá-la, mas não a venderiam enquanto o pai fosse vivo e este estava, como soubemos pelo filho, louco, preso em casa.

Pai Tomás vivia ali, sozinho e feliz. Se perguntassem a ele sobre as assombrações, ele sorria e dizia:

— Almas são gente como nós, vivendo com outro corpo, e a mim não fazem mal!

Dava bênçãos, receitava ervas e aconselhava para o bem todos os que o procuravam. Lá não iam mais pessoas pelo difícil acesso e pelo medo dos fantasmas. Olhava a sorte com pedras, talvez com búzios. Tinha uma memória fantástica e de todos sabia um pouco, parecendo conhecer a todos da redondeza.

Um dia, de tanto nós insistirmos, Nércio nos levou, eu e José, para conhecê-lo. Foi muito simpático, tinha algo, bondade talvez, que conquistava as pessoas. Achei-o muito inteligente. Ao nos despedirmos, abençoou-nos e disse ao José:

— Breve será sua caminhada na Terra — e a mim disse: — Veio de outras terras, mais instruídas e velhas. Neste estágio, fará planos que adormeceram para seu remorso no Céu. Mandará em muitos, será dono nestas terras. Que Deus o abençoe, menino, e livre-o das tentações do ouro e do poder!

— Engraçado! — balbuciei, espantando-me da recordação com detalhes dessa visita e do que ele dissera.

Talvez porque ele acertara quanto ao José. E eu cheio de planos e os acontecimentos imprevistos que se tornaram irrealizáveis. Dissera que viera de outras terras, da Europa, talvez da França, para encarnar no Brasil? Sendo o único varão dos Castro e Alves, não se fez que me tornasse dono de tudo, algo em que nunca pensara nem desejava? Acertara prevendo o futuro de nós dois!

— Sinhozinho — chamou-me Manuel. — Mané, o negrinho doente, está bem ruim, quer ver o sinhô.

Fui com Manuel vê-lo. A entrada para o porão ficava em um canto à direita de nosso quintal. Utilizávamos uma parte do porão para guardar materiais usados na fazenda. Na outra, mais alta e arejada, morava Maria num cômodo e, ao lado, ela fazia seus curativos, cuidava de seus doentes, tendo dois leitos e, num deles, estava Mané. Maria não tinha outro trabalho a não ser cuidar de sua horta de ervas, que ficava numa parte do pomar, e dos doentes. Tinha lá seus cinquenta anos, era forte, robusta e alegre, mas aparentava ser bem mais nova.

Mané estava deitado no leito limpinho e sorriu ao ver-me:

— Sinhozinho veio ver-me! Deus lhe pague por ajudar-me assim!

— Nada fiz, menino. Foram Manuel e Maria.

— A mando do sinhô, porque deixou. A eles já agradeci.

— Não necessita agradecer. Quero que sare e sinta-se bem.

— Não vou sarar, não, sinhô. Sei que vou morrer logo. Nesta noite sonhei com minha madrinha, uma negra boa, que morreu há muito tempo. Ela disse-me que viria buscar-me e que meus padecimentos iriam acabar.

— É sonho — disse.

— Não, sinhô, deve ser verdade. Estava ela muito bonita no sonho, abençoou-me e pediu que recordasse o passado para entender o porquê de estar sofrendo assim. Então me vi como branco, num navio carregando negros como prisioneiros. Eles choravam a separação dos amigos e parentes, e me vi também jogando doentes na água, muita água, num rio enorme onde não se via a margem. Chorei em ver tudo aquilo, e a madrinha consolou-me:

— Mané, já se arrependeu de tudo. Nesta existência foi bom e justo, sofre dores resignado, por isso foi encaminhado junto de pessoas boas, tudo chega ao seu final.

— Se não tivesse sido bom, que aconteceria comigo? — perguntei a ela, que me explicou:

— Morreria no alojamento do senhor Miliquias.

— Como vê, sinhô, vou mesmo morrer e desejo que seja logo. Queria pedir uma coisa...

Mané narrou o sonho com dificuldades e eu escutei-o atento, acreditando que nada era injusto no sofrimento dele, estava pela bondade do Pai tendo a oportunidade de resgatar seus erros. Era o mar que vira em sonho. Fora ele um traficante de negros e nesta vida veio como escravo, sofrendo o que fizera outros sofrerem. Parecia acanhado em fazer o pedido, olhei para Manuel que escutava atento, e indaguei-lhe:

— Fale Manuel, o que ele quer?

— Ele tem mãe, pai e irmãos na Fazenda Santa Rosa, venderam-no porque não podia trabalhar, levou até castigos, pensando ser por preguiça. Os pais ficaram desesperados ao vê-lo partir. Ele quer que, quando morrer, o sinhô mande alguém lá avisar sua família que ele morreu aqui, bem cuidado.

— Não quer que avise agora, Mané? — disse apiedando-me mais ainda do mocinho.

— Não, sinhô, deixe-me morrer primeiro, assim levarão a notícia toda.

— Prometo, menino. Manuel, que tanto tem feito por você, vai dar notícias aos seus, como deseja.

— Obrigado, sinhô. Deus lhe abençoe e a todos aqui.

Adormeceu tranquilo, saí sem fazer barulho.

Logo chegaram Nércio e Leôncio, e indaguei a eles sobre pai Tomás.

— Ele vai bem — disse Nércio —, disse-nos saber do sinhô e mandou dizer-lhe que se necessitar do favor dele, que pode contar como certo.

— É estranho este homem, sinhô Jorge — falou Leôncio. — Por que acha que o sinhô necessitará dele? Perguntei da minha mãe e ele respondeu-me: "Não conheço e é melhor não achar".

Aborrecido, Leôncio foi desarrear os cavalos.

— Não se chateie Leôncio — animei-o —, se elas estiverem por aqui, acharemos. Pergunte sempre a todos que encontrar.

— Sinhozinho — falou preocupado Nércio quando Leôncio se afastou —, Pai Tomás fala de forma estranha, mas verdadeira. Deu-me um pressentimento estranho ele ter dito que melhor seria não achá-las.

Também senti um pressentimento ruim, mas nada disse.

Dois dias depois, Mané morreu e foi enterrado no cemitério da fazenda, e no outro dia cedo Manuel foi avisar seus pais, conforme lhe prometera.

Marcina

Comecei a supervisionar o trabalho na fazenda, saía com sete a oito homens, e ia no meio deles. Em lugares perigosos que poderiam tocaiar-nos, caminhavam três homens à frente, um à direita, outro à esquerda e outro na direção que seguiríamos. Combinávamos na hora o número de tiros para o alto que dariam para informar que não havia ninguém escondido, que não havia perigo. Se não dessem o tiro era sinal de perigo, outros iriam até eles para ajudá-los ou ver o que havia.

Gostava de andar pela fazenda, olhar o cafezal e os animais nos pastos. Não tivemos mais nenhum problema, tudo estava em ordem e normal. Resolvi ir à cidade e pressionar o delegado para desvendar a morte do José; agora, sentia-me seguro para isso. Bem armados, fomos em doze homens. Na vila chamei a atenção, todos nos olhavam com respeito, admirando as armas que meus homens portavam. As notícias corriam rápido, e curiosos, todos, queriam ver-me, pois já não era a parte fraca, não era visto como um almofadinha que só tinha estudado. Fui cumprimentado com respeito, até mesmo pelo delegado, que gaguejou ao explicar que estava fazendo tudo, mas que, sem provas, estava difícil.

— Senhor delegado, tenho a certeza de que está fazendo muito, mas quero mais, quero o impossível. Não se mata um Castro e Alves e se fica impune. Quero todo o seu empenho!

— Sim, o senhor tem razão. Mas é como procurar agulha no palheiro, já corri a redondeza, ninguém sabe de nada, ninguém viu nada. Acharemos o assassino, o senhor e sua família podem estar tranquilos.

Sabia que nunca iríamos desvendar esse mistério, o assassino ficaria impune pela justiça dos homens, pois fizeram bem feito a tocaia. Mesmo se fosse sincero o desejo do delegado em pegar o assassino, seria bem difícil.

Cumprimentei-o, despedindo-me friamente e saí. Já não era o Jorge que na primeira vez ali estivera, meio desorientado. Mudara, agora, sentia-me seguro.

Fui ao armazém fazer algumas compras. O local era também bar, lugar de fofocas, e se quisesse saber algo, ali era o ideal. Dei algumas informações sobre as armas, sem dizer de onde as obtivera.

— Senhor Mendonça — disse alto ao dono do armazém —, ofereço uma fortuna para quem der informação segura do assassino do meu irmão. Diga a todos, pago...

— Oh! — fizeram os presentes, era realmente muito dinheiro na época.

Não demorei muito e voltamos.

A estrada cortava morros, havia curvas perigosas, subidas e descidas. Íamos tranquilos quando vimos uma carruagem em disparada, sem controle, descendo o morro atrás de nós. Vi o cocheiro deitado no banco, parecia desmaiado.

Galopei em sua direção, parando os cavalos da frente. Eram quatro, num salto passei para um deles, segurei as rédeas dominando-os, e foram parando devagar. Meus homens vieram ao meu encontro, vi nas suas fisionomias o quanto estavam orgulhosos de mim. Um deles segurou os cavalos e desci, outro trouxe o meu, mas, antes de montar novamente, fui cumprimentar os passageiros da carruagem. Samuel examinou o cocheiro e informou:

— O homem está desmaiado, sinhô.

Abri a porta da carruagem.

Dentro estavam duas mulheres. Uma negra, dama de companhia, e a outra, uma senhora que tremia, pálida de susto. Observei-a firmemente, sua pele era muito clara, seu cabelo e olhos negros, contrastavam de um modo que me fascinou. Seus lábios eram pequenos e vermelhos, trajada simplesmente e com poucas joias, era magra. Pareceu-me conhecê-la. Essas observações ocorreram em segundos e lembrei-me: "Marcina, a filha do coronel Francisco".

Havia tempos que não a via, não mudara muito, não podia dizer que era linda ou maravilhosa, mas tinha algo que me atraía, era doce, meiga e delicada. Respeitosamente, tirei o chapéu e cumprimentei-a.

— Boa tarde, senhora, seu cocheiro desmaiou. Sou Jorge Correia de Castro e Alves, a seu dispor.

A negra desceu com muita rapidez, subiu no banco do cocheiro, Samuel teve de sair rápido, e ela pôs os cavalos em movimento.

Marcina nada disse, ficou me olhando, espantada, e logo a carruagem tomou distância.

Meus homens riam. E Nércio tratou de explicar:

— Sinhô Jorge, esta é Marcina, a filha do coronel Francisco. Se tivesse esperado, teria dito ao sinhô. Salvou a filha do nosso inimigo!

— Foi corajoso, sinhô.

— Seu pulo foi perfeito.

— Conseguiu parar a carruagem, salvou as mulheres. Na curva do Pião, na certa iriam virar.

Meus homens comentavam entusiasmados, eu nada disse. Montei no cavalo e pusemo-nos a caminho. Curioso, indaguei de Nércio:

— Nércio, Marcina deve ter a minha idade. É casada?

— Não, sinhô, é uma solteirona.

Ali, no sertão, nessa época, as moças se casavam bem novas, com seus treze a dezessete anos. Após os vinte, eram tachadas de solteironas. Nércio continuou a falar:

— Sinhá Marcina é muito boa, nem parece ser filha daquele horrível homem, porque puxou à mãe, mulher boa. Era noiva prometida do sinhô Carlos Santana, que morreu três meses antes do casamento. Dizem que foi do coração. Aí, não quis mais casar. Sai pouco, vai à missa e anda muito a cavalo pela redondeza.

— Parece que o coronel não se preocupa muito com ela, estava só com uma negra e o cocheiro.

— O coronel não liga para as mulheres, parece nem gostar das filhas. A outra é demente, segundo dizem, ele não gosta nem de vê-la.

Ao chegar, fui tomar banho e, ao sair do quarto, mamãe esperava-me.

— Jorge, que explicações me dá? Arriscou sua vida para salvar a filha do coronel Francisco! Eles mandam matar meu José e você se arrisca para salvar um deles?

— Calma, mamãe, não arrisquei minha vida. O que fiz foi fácil, não tinha perigo. Depois, não sabia quem era ela.

— Que ironia! Um Castro salvando a vida de um inimigo!...

— Mamãe, a moça não é um inimigo!

— Como não é? É filha dele. Todos lá são malditos.

— Eu não sabia quem era. Depois mamãe, mesmo que soubesse agiria do mesmo modo, tenho a certeza de que a senhorita Marcina nada tem com as maldades do pai — disse lembrando o modo assustado de Marcina.

— Jorge! — exclamou mamãe aborrecida.

— Jorge, você é um herói, todos comentam — disse Glorinha, alegre, entrando na sala. — Não se fala noutra coisa na fazenda.

— Glorinha! — respondeu mamãe. — Jorge salvou a filha do nosso inimigo!

— Este é um motivo para acharmos bom, ora! Pense bem, mamãe, o coronel Francisco deve estar bufando de ódio por ficar devendo-nos este favor. Pela redondeza, todos já devem estar sabendo e os comentários os ridicularizarão. As vantagens são nossas, Jorge é visto como herói, corajoso. Comentários nada agradáveis a eles.

— É, pode ser, mas preferiria que Jorge não a tivesse salvado e que estivesse morta. Jorge — continuou mamãe —, quanto ao dinheiro que ofereceu de recompensa, não é uma fortuna? É dez vezes mais o que lhe pedi para dar de esmola à igreja!

Os comentários corriam mesmo, não me deram tempo nem de contar.

— Mamãe, temos dinheiro e resolvi usá-lo para nossa segurança. A senhora quer, como todos queremos, descobrir quem mandou matar José friamente! O delegado nada descobriu nem descobrirá. Ofereci o dinheiro e o darei por uma informação segura. Dinheiro, mamãe, é meio de progresso, de segurança, como também de ambição. Para tê-lo, o que muitos têm feito e farão? Trair amigos, companheiros, pela recompensa que ofereci não é difícil. Dinheiro é tentação!

— Será — disse esperançosa — que descobriremos alguma coisa?

— Não acredito muito.

— Então?... Não o entendo filho, se não acredita por que oferecer essa fortuna?

— Com essa oferta, mamãe, traremos insegurança tanto ao criminoso, como ao mandante. Talvez o mandante mate ou mande matar o assassino de José. Se assim for, terá ele seu castigo, se não, ficará com medo de que o mandante o faça. De qualquer forma, mamãe, com esta oferta não estarão mais tranquilos, o mandante ficará inseguro temendo que o criminoso seja preso e confesse seu nome. E, intranquilos, poderão falhar. Criminosos, cedo ou tarde, temem ser descobertos. E a tentação de receber a recompensa será muita e, quem sabe, talvez alguém os traia...

— Você é inteligente, meu filho. Vou rezar para aparecer alguém com uma denúncia. Aí José será vingado.

— Mamãe, será que José clama por vingança? Quem faz paga, quem planta colhe. Um dia, terão de dar contas de seus atos a Deus.

Nos dias seguintes recebemos muitas visitas e os comentários foram muitos, a notícia da recompensa espalhou-se, mas ninguém veio até nós.

Na terça-feira, após o almoço, Joana entrou atrás de mim, no meu quarto.

— Sinhô, trago-lhe algo — disse baixinho. — Sou muito amiga de Ana, comadre até. Ana é uma escrava do coronel Francisco. Serve na casa-grande, adora a sinhá Marcina. Encontramo-nos no rio, na ponte. Não fique bravo comigo, e não conte ao Nércio, se ele souber, é capaz de surrar-me. Ana trouxe uma carta para o sinhô, disse que é de sua sinhá, falou-me de pés juntos, pelo sangue de Jesus. Eu acredito nela, por isso entrego. Acho que sinhá Marcina agradece ao sinhô.

Entregou-me um envelope.

— Joana, a senhorinha Marcina sabe escrever?

Saber ler e escrever era privilégio de senhores, de homens, raras mulheres o sabiam. Meu pai contratou um velho professor para dar aulas às minhas irmãs, alfabetizando-as. Fez minha mãe aprender também, e ela o fez em obediência a ele. A Tião, moço na época, foi dada a tarefa de guardar a sala, ou seja, vigiar o professor. Interessado, pediu para aprender também, e meu pai consentiu. Laurinda, quando casou não sabia ler, depois Carlota e Glorinha ensinaram-na. Por ali, no interior, era raro mulheres alfabetizadas.

— Ana garantiu que sim, sinhô Jorge.

Abri o envelope, meu coração disparou, era um bilhete, a letra era delicada como a dona, estava escrito e li alto:

Senhor Jorge,
Sinto não ter conseguido agradecer-lhe por seu bondoso gesto. Gostaria de fazê-lo pessoalmente. Se me der o prazer, encontre-se comigo no Lago das Pedras, na Fazenda Assombrada, quarta-feira às dezesseis horas.
Marcina

Joana se benzeu.

— Pela Virgem, o sinhô não irá!

— Por que não, Joana?

— Uma moça direita não escreve bilhete marcando encontro, sinhô.

Joana tinha razão, não era costume mulheres de família marcarem encontros, poderiam ir talvez, se convidadas.

— Joana, Ana é mesmo sua amiga? É pessoa boa?

— Considero-a uma irmã. Ela não é capaz de trair. Odeia o coronel, ama a sinhá.

— Acha que a senhorinha Marcina seria capaz de armar uma emboscada?

— Ela, não, seu pai, sim. Mas como ter a certeza? Não vá, sinhô. Não me perdoarei se algo acontecer com o sinhô.

— Não se preocupe, Joana, nada me acontecerá, não serei bobo. Obrigado, pode ir e... nada!

Ia falar para não ir mais à ponte, mas poderia necessitar desses encontros. Ficando a sós, li e reli o bilhete. Estava perfumado suavemente. Poderia bem ser uma emboscada. Deveria ir, ou não? Foi no que pensei a noite toda e não cheguei a nenhuma conclusão.

Ao meio-dia, decidi ir. Mas precaver-me-ia. Desenhei no papel o terreno do local do encontro marcado. Para o pessoal da Fazenda Morro Vermelho chegar no lago, só havia dois caminhos, subir pelo rio ou contornar uma montanha por um estreito atalho. Chamei meus homens, separei em três grupos, deixando Tião e Samuel para irem comigo. O primeiro grupo ficaria desde já na curva do rio, nas nossas terras, até às cinco horas, vigiando se passasse alguém por ali. A ordem era para não deixar passar ninguém. Se vissem alguém, mandariam parar, se não obedecesse: atirariam para ferir. O segundo grupo iria esconder-se entre as margens do Atalho das Pedras, numa curva do caminho na montanha. O outro grupo deveria percorrer a Fazenda Assombrada, vasculhar a parte norte do lago.

Arrumei-me todo, peguei mais outra arma e fui com Tião e Samuel.

— Por que isso só para ir ao lago?

— Tudo isso só para ir ao lago?

— Devem esperar-me aqui — disse ao avistar o lugar —, não quero comentários, e fiquem atentos!

Segui alguns metros sozinho e atento, ali o lago acabava, estreitava-se seguindo o rio, atravessei uma ponte velha com cautela e vi Marcina. Ela estava encostada numa enorme pedra e seu cavalo pastava ao lado. Estava distraída, observei-a por segundos. Tinha os olhos cerrados, longos cílios cobriam os olhos, estava mais corada, vestia roupas de montaria.

— Boa tarde! — disse baixo, temendo assustá-la.

— Oh! Boa tarde, senhor Jorge. Como está?

— Muito bem, e a senhorinha?

— Fui tão mal-educada no outro dia! Arriscou sua vida para salvar-me. Quero agradecer-lhe.

— Vendo-a agora, viva e bem, arriscaria outras vezes. Está muito bonita, senhorinha.

— Por favor, senhor Jorge, chama-me de Marcina.

— Com prazer, desde que me chame de Jorge.

— Deve ter estranhado meu bilhete. É que senti ter sido tão grosseira, não ter dito nem obrigado.

— Estranhei e temi, mas a vontade de revê-la foi mais forte.

— Quero que saiba, Jorge, que não aprovo o procedimento de meu pai, abomino. Era outra coisa que queria dizer-lhe. Fomos amigos. Lembra quando puxava minhas tranças na missa? Falava que parecia um esquilo. Nossas famílias nunca foram amigas, mas nunca tivemos animosidades, não é mesmo? Guardo boas recordações daquele tempo.

Sorri, recordando. Via Marcina em festas e na missa aos domingos. Após a missa era costume ficarem todos conversando na frente da igreja, as mulheres faziam rodas, de amigas e parentes. E os homens também, formando vários círculos, e a meninada aproveitava para brincar. Marcina era da minha idade, meses mais moça, sempre a procurava e puxava suas tranças devagar e às escondidas. Engraçado, que só fazia isso com ela. Chamava-a de esquilo, parecia-me sempre assustada e ela ria, gostava de vê-la sorrir. Ao tornar-se mocinha, não me atrevi mais a puxar-lhe as tranças, também, porque não as usava mais. Ficava olhando-a sem chegar perto. Era menino ainda e senti muita tristeza ao vê-la com o noivo. Recordei Carlos, franzino e muito louro, então parei de observá-la e, tempos depois, parti para a França.

Por minutos ficamos silenciosos, cada um parecia estar vivendo no passado, fui o primeiro a falar.

— Não me parece mais um esquilo, nem tem tranças.

Ela sorriu, tinha um sorriso encantador.

— Nem você, um menino travesso. Foi por isso, Jorge, que quis vê-lo e dizer a você que eu e João, meu irmão, nada temos a ver com essas desavenças, a mim tão reprováveis.

— Lindo este lugar, vem sempre aqui, Marcina?

— Sim, todas as quartas à tarde, neste horário, gosto daqui, é tão tranquilo...

— Vem só? Não tem medo?

— Cavalgo sempre sozinha. Não tenho medo, nunca vi nada de anormal. Já é tarde, devo ir-me. Até logo, Jorge. Obrigada, novamente.

Ajudei-a montar no seu cavalo, senti seu perfume suave, igual ao do bilhete. Fiquei olhando-a até que virou no atalho. Montei no meu cavalo e fui ao encontro de Samuel e Tião, que estavam sérios, preocupados, mas nada falaram, achei melhor explicar:

— Ela só queria agradecer-me, quando crianças fomos amigos.

— O sinhô arriscou — disse Tião —, agora entendo suas ordens. Sinhozinho, todos por aqui sabem que sinhá Marcina é boa e caridosa, mas é filha do homem, do coronel Francisco.

— Quero que este encontro seja segredo. Só nós três sabemos e assim deve continuar sendo. Confio em vocês.

— Nada diremos.

Os homens regressaram à fazenda. Logo após termos chegado, só os do grupo que vigiara o atalho da montanha disseram ter visto sinhá Marcina passar por lá, os outros nada viram.

Senti que arriscara, porém, não me arrependi, e fiquei pensando nela.

No sábado, logo cedo, veio a notícia, trazida por amigos, de que chegaram presos, na vila, os três negros foragidos da Fazenda Morro Vermelho e que confessaram ter assassinado Chico por não gostarem dele, por odiá-lo. Os três negros haviam fugido na véspera; perseguidos, esconderam-se perto da estrada, e ao verem Chico sozinho, um deles pulou na frente do cavalo e dois sobre ele, matando-o com facadas. Os homens que acompanhavam Chico foram socorrê-lo, e na confusão os negros escaparam e foram parar num quilombo, onde ficaram escondidos. Sendo o quilombo invadido pelos soldados, trouxeram-nos presos em lastimável estado, quase mortos.

Mamãe comentou:

— Jorge, todos na vila, assim como o coronel Francisco, têm agora certeza de que não fomos os mandantes do bárbaro crime. Será que ele não se arrependeu de ter mandado matar José?

— Acho que não. Ele nos odeia mais por inveja. Penso que ele preferiria termos sido nós a ter o filho assassinado pelos próprios escravos foragidos, é golpe para seu orgulho.

— Que matem rápido esses negros assassinos. Não tinham direito de matar seu senhor.

— Ninguém tem direito de matar, mamãe, nem eles aos negros. Mas não é assunto nosso; como estão, será melhor que morram. Dizem que foram muito torturados.

Pensei tanto em Marcina, que ansiei por chegar quarta-feira. Será que dissera que ia ao lago, todas as quartas espontaneamente ou para eu saber? E, na quarta, antes da hora marcada, saí decidido a ir ao lago e comigo foram Samuel e Tião.

Ninguém estava no lago, desci do cavalo e sentei na pedra, onde nos encontramos na quarta passada e esperei. Logo escutei galope, e Marcina apareceu no caminho do atalho, sorriu e veio até mim, seu sorriso encantava-me. Ajudei-a a descer e procedemos naturalmente como se fôssemos acostumados a esses encontros.

Marcina não falava dos seus, nem eu, dos meus familiares, como se não quiséssemos colocá-los entre nós. Falávamos do passado, acontecimentos. Contou-me que aprendera a ler porque um professor ia ensinar os irmãos e sua mãe tinha que estar presente e deixava ela ficar também. A mãe queria que aprendesse e pediu em segredo, longe dos filhos, para o professor ensiná-la. O bondoso mestre, disfarçada e cautelosamente, ensinara, e o pai não sabia que ela era alfabetizada.

O tempo corria nesses encontros semanais, que passaram a ficar muito significativos para mim e os esperava com ansiedade. Descobrimos que gostávamos das mesmas coisas. Tinha preferência pelos mesmos livros que Marcina lia às escondidas, emprestados pelo padre José.

Sabia que Marcina ia à missa todos os domingos e pensei em vê-la, mesmo de longe. Como tinha dado ordens para não sairmos da fazenda, não fomos mais à missa, porém tudo estava em ordem e sentia-me protegido, falei a mamãe:

— Mamãe, a senhora não quer ir novamente à missa aos domingos? Não necessitamos ficar na cidade, podemos ir e voltar. Não vejo mais perigo e podemos ser escoltados por nossos homens. Manuel substitui-me na nossa ausência.

— Verdade, Jorge? Que alegria! Quero ir, sim, filho.

Saiu contente para dar a notícia às meninas. A missa não deixava de ser um acontecimento social.

Passamos a ir todos os domingos à missa.

Revi o coronel Francisco, pois ele ia à missa com os seus. Não nos cumprimentamos, estava envelhecido, tinha os cabelos quase todos brancos, uma barba rala, olhos miúdos; para mim era tremendamente desagradável. Lucas, seu filho, era parecido com ele, cínico, imitava o pai em tudo. Marcina ficava sempre ao lado de João, eram parecidos fisicamente, estava ele com vinte anos e pareceu-me educado e agradável.

Na igreja, não olhava para ela nem a cumprimentava, temendo que notassem. Após o ato religioso, os círculos formavam-se na frente da igreja. Assim podia vê-la, e, para mim, estava sempre bonita, conversava sempre com amigas, todas já casadas. Quase sempre o coronel Francisco ia embora primeiro, dificilmente ficavam na casa da cidade. Eu era o último a ir, dava um tempo para ele se distanciar, porque usávamos o mesmo caminho. Iam eles bem escoltados por seus jagunços, e eu por meus homens.

Mamãe, Laurinda e as meninas adoravam ir à missa. Carlota encontrava-se com Pedro, e Laurinda, com sua família.

Passei a ser tachado de bom partido pelas mocinhas em idade de casar. Não me interessei por nenhuma delas por estar com o pensamento em Marcina. Também os coronéis sondavam-me as preferências políticas. Por ali, sempre tiveram desavenças ideológicas, mas sem maiores consequências. Meu pai tudo fazia para ser neutro, não gostava de política. Eu era um abolicionista com ideias de um Brasil livre do Império. D. Pedro era um farrista e português. Mas como ser abolicionista tendo escravos? Minhas ideias eram perigosas e eu tinha problemas demais. Preferi adiar minhas ideias para o futuro e adotei a posição de meu pai. Escutava, e falava pouco, mudava de assunto, preferindo estar bem com todos. Passei a ser respeitado pelos coronéis como se fosse um deles.

Mais de dois meses se passaram desde meu primeiro encontro com Marcina. Ia sempre com Samuel e Tião, que guardavam segredo, embora demonstrassem estar preocupados e ficassem sempre atentos com nossos encontros. Marcina os via, mas nunca comentou nada. Na fazenda, tudo transcorria sem problemas, a colheita começava e seria abundante, e o café, de primeira qualidade. A vigilância era a mesma, meus homens treinavam todos os dias e tornaram-se excelentes atiradores.

Naquela quarta, chegara ao encontro antes da hora, Marcina atrasara e eu fiquei aflito, tive a certeza de que a amava.

— Ah, meu Deus! Pensei que nunca ia amar alguém. Aceitava a ideia de um casamento arranjado, ria de amigos enamorados. Agora totalmente apaixonado e por quem? Pela filha do meu único inimigo — resmunguei aborrecido e ansioso.

Porém, quando a vi chegar, as preocupações se foram e senti meu coração bater alegremente.

— Marcina, como demorou!

— Lucas me prendeu com conversas, e eu não quis sair, temendo que desconfiasse.

Beijei suas mãos.

— Marcina, seu atraso pareceu-me horas, fiquei aflito temendo não vê-la. Amo você, Marcina!

— Oh, Jorge! Meu Deus! Amo-o também.

Namorados parecem ver o mundo cor-de-rosa, com facilidades, e foi assim conosco também. Felizes, trocamos juras de amor, promessas de nos amarmos para sempre. Neste dia, Marcina falou sobre ela:

— Meu pai sempre foi difícil, tem um gênio terrível. Minha mãe sofreu muito com ele, não tinha direito de optar por nada. Diz sempre que mulher é inferior e que deveria nascer muda. Quando mudamos para a Fazenda Morro Vermelho, mamãe já estava doente e logo faleceu. Sofria muito por ver papai castigar os escravos. Pelo menos aqui a senzala é longe da casa-grande, e ela não viu mais os castigos, porém sabíamos e sei que acontecem. Senti muito sua morte, amava-a por demais, passei a tomar conta da casa e de Tamira. Somos em cinco irmãos: Chico, que morreu, Lucas, eu, João e Tamira, que é doente, débil mental. Papai tem horror a ela, quase não a vê, é como criança, nada sabe.

— E seu noivo, Marcina, amava-o?

— Carlos? Não, nunca o amei. Amo só a você; penso, Jorge, que o amo desde criança. Nestes anos sempre pensei em você. Meu susto naquele dia em que me salvou foi mais por revê-lo.

Carlos era bom, fora prometida a ele desde criança. Ele gostava de ler, fazer poesia, era educado e de pouca saúde. Estava sempre doente e três meses antes de casarmos ele morreu. Senti, perdi um amigo e temi que meu pai me forçasse a casar com outro e pedi a ele para ficar solteira, e foi com alívio que dele escutei: "Noiva é quase esposa. Mulher viúva não é para casar mais. Ficará solteira, é útil em casa". Por cuidar da casa, de Tamira, foi que papai não pensou em casar-me novamente. Ele prometeu a mamãe, no leito de morte, que cuidaria de Tamira, mas não a suporta e sente-se aliviado por eu cuidar dela.

— Por que, Marcina, este horror a ela? — indaguei intrigado.

— Não sei. Tamira é feia, toda desengonçada, age como criança, mas amo-a, e ela quer muito a mim e ao João. Ele é o irmão que adoro. Estudou em São Paulo, viveu oito anos com minha tia, irmã de minha mãe. Somos iguais, diferentes do meu pai e de Lucas e pouco tolerados. João chegou dois dias antes do acidente da carruagem e foi ele que me salvou de uma tremenda surra naquele dia.

— Por quê?

— Papai, ao saber que você me salvara, ficou como louco. Eu tinha ido, naquele dia, à costureira. E ao voltarmos, com o cocheiro desmaiado, tudo aconteceu... Enchemo-nos de coragem e contamos a ele, antes que soubesse por outros. "Você, Marcina — gritou enfurecido —, deixar salvar-se por um Castro?! Por que não morreu, sua peste? Era preferível!" Xingou alto, tirou a cinta para surrar-me e João interveio. "Calma, pai, pense um pouco. O Castro salvou Marcina sem saber quem era ela, neste instante deve estar tendo um ataque de nervos, arrependido. Pense na raiva que deve estar sentindo, nas gozações que receberá. Um Castro salva a filha do coronel Francisco, seu inimigo". Papai riu, cínico, e guardou a cinta. "É João" — disse —, "tem razão. Salvou a filha do inimigo sem saber."

Marcina abaixou a cabeça, e pelos seus olhos passou por instantes uma profunda tristeza.

— Sente-se só em sua casa, não é, Marcina?

— Não com João, ele é encantador, mas está de partida. Não sei por que ainda não foi. Veio para visitar-nos. Acabou seus estudos e vai trabalhar com meu tio no comércio de tecidos. Resolveu ficar mais, nem sei por que está aqui ainda. Mas adoro sua companhia.

Senti muito dó de Marcina, prometi a mim mesmo fazê-la feliz. Como? Não o sabia, mas para mim, naquele momento, bastava a vontade.

— Marcina, que será de nós?

— Não sei, Jorge. Se meu pai descobrir, nem sei o que é capaz de fazer. Ele me mandará para um convento ou me prenderá em casa, ou me obrigará a casar com o senhor Amâncio.

— Aquele velho?

— Desde que ficou viúvo, me faz assédio, e morro de medo de papai fazer-me casar com ele.

Conhecia o senhor Amâncio, devia-nos dinheiro, sua situação financeira não era das melhores, talvez por isso o pai de Marcina não pensava em casá-la com ele.

— Defendo você, amor. Se for para um convento, roubo você. Se forçá-la a casar com outro, roubo-a também, nem que seja na porta da igreja. Já, se prendê-la em casa, ficará mais difícil, mas daremos um jeito!

— Jorge, tenho medo que descubram, devemos esconder nosso amor. Deus nos ajudará no futuro. Vê este broche? Será sinal, nosso aviso. Olhe, ele é partido no meio, ficarei com uma parte e você com a outra. Necessitando um do outro, ou querendo comprovar um bilhete, um encontro, mandaremos junto a parte do broche. Devemos ficar atentos. Saio sempre a passear a cavalo, papai nunca se importou ou prestou atenção, nem pergunta aonde vou. Mas não devemos nos arriscar. Por que não manda seus homens ficarem no alto do atalho? Se for seguida, verão e darão sinal.

— Tem razão, Marcina, Samuel e Tião ficarão no atalho. Tomaremos todo cuidado. Não quero que sofra por mim.

— E eu, que nada de mal lhe aconteça.

Despedimo-nos carinhosamente.

Pensei muito e tive a certeza de que Marcina era a mulher de minha vida e que não ia perdê-la. Deveria ter um jeito de ficar com ela e eu o acharia. Para o coração, os sentimentos, tudo parecia fácil, mas para o raciocínio, não. Diante dos olhares de Samuel e Tião, senti-me irresponsável, tantas coisas dependendo de mim e eu namorando às escondidas a filha de nosso terrível inimigo.

Os mortos do corpo

Quinta e sexta-feira passaram lentamente. Por mais que pensasse, não achava um modo de estar com Marcina a não ser nos nossos encontros escondidos. Não sabia o que faria para ficar com ela. Estava triste e preocupado. No sábado, após ter feito meu trabalho, sentei-me na varanda, aproveitando a tarde para descansar e pensar. Estava só e tudo me parecia silencioso, quando vi meu pai. Papai se mostrava triste, abatido, fisionomia adoentada, estava encostado na parede, com a cabeça baixa e pensativo. Arrepiei-me, não me mexi, temendo afastar a visão. A sensação era diferente de quando via minha avó e foi nela que pensei e a chamei mentalmente. Logo em seguida, senti dona Ana ao meu lado.

— Vovó, que faço? Papai parece-me tão esquisito, adoentado — indaguei mentalmente.

— Jorge — senti o sussurro de vovó —, seu pai sofre. Está desorientado sem entender bem o que se passa.

— Por que ele não conversa comigo, vovó?

— Como ninguém o vê ou lhe fala, acostumou-se a ficar quieto.

— Poderei ajudá-lo? — disse, com vontade de chorar ao vê-lo sofrendo. — Poderei fazer algo por ele? Auxilia-me, vovó querida.

— Converse com ele.

— Como faço?

— Chame-o mentalmente e, como se pensasse, fale com ele. Explique que teve o corpo morto e que foi como fazer uma mudança, que necessita entender e aceitar o corpo ter morrido. Diga que o ama. Aqui ficarei para ajudá-lo.

Papai continuava no mesmo lugar, do mesmo jeito: enchi--me de coragem, e sem mexer um músculo do corpo, chamei-o em pensamento:

— Pai, papai!

Olhou-me e sorriu. Seu sorriso era triste, mas cheio de carinho.

— Você me vê, meu filho? Fala comigo!

Lágrimas correram por seu rosto, nunca o tinha visto chorar, ia chorar também, mas senti vovó.

— Jorge, coragem, para ajudá-lo é necessário todo seu controle, dó agora só atrapalha!

— Abençoe-me, papai. Sinto não tê-lo visto antes. Como está?

— Mal, Jorge, mal. Além da doença, enlouqueço...

— Papai, não sabe o senhor que a morte é para todos? Todos vamos morrer para viver em outro lugar, de outra forma. Somos eternos!

— Acho Deus injusto comigo. Sempre fui bom, sou bom, honesto, trabalhador, religioso, tenho a consciência tranquila e sofro assim, desprezado, doente e meio louco.

— Não está louco, meu pai.

— Estou, filho, penso que ninguém me vê, é terrível.

— Ninguém de fato o vê.

— Quê?!

— Papai, o senhor morreu, seu corpo morreu. Observe bem, vê como estamos diferentes. É uma alma, um espírito, e eu sou alma num corpo. Somos vivos, só que vestidos com corpos diferentes. O senhor não se lembra? Ficou doente, muito doente.

— Sim, lembro. Passei muito mal e uns negros, antigos escravos, me levaram para um local estranho, onde me curaram. Mas a fazenda, todos aqui necessitavam de mim, tive de voltar, e voltei.

— Fez mal, meu pai. Quando foi levado a este lugar estranho para o senhor, deveria ter ficado, porque foi quando morreu. Observe as diferenças.

— Sim, é verdade. Somos diferentes.

Chorou alto.

— Papai, lembra-se de vovó Ana, sua mãe? Chame-a para ajudá-lo. Deve partir com ela, e aos poucos entenderá.

— Mamãe! Mamãe! — disse papai emocionado. — É a senhora? Então o que Jorge disse é verdade! Vou, mamãe, vou com a senhora, necessito da senhora. Vou embora, adeus, Jorge.

— Adeus, papai. Deus o abençoe.

Não mais o vi. Fiquei impressionado e entendi que o que dissera a ele, fora dito por vovó, não compreendi bem, orei. Lembrei-me do pastor Germano que uma vez nos explicou:

"Jorge, a morte é como o nascimento, não é igual para ninguém. Quando a aceitamos, tudo nos é facilitado. A morte do corpo é, para todos, um processo natural, nós é que complicamos por não compreendê-la".

"Se papai estava sofrendo, e José?" — lembrei. Senti a resposta:

"José está bem, era desapegado dos pertences materiais. Aqui veio, desfrutou, cuidou, mas não se deixou possuir, não ficou escravo da matéria, não se ligou a ela".

— Ainda bem! — suspirei.

Domingo após a missa, quando chegamos à fazenda, Leôncio veio conversar comigo.

— Sinhozinho, descobri onde estão minhas irmãs e minha mãe.

— Diz isso assim triste, Leôncio? Alegre-se. Como soube? Onde estão?

— Há alguns dias, conversei com o senhor Miliquias, que ficou de se lembrar, hoje lá voltei; a conselho de Nércio, dei dinheiro para que se *lembrasse*. O malvado disse que elas passaram por lá e que as vendeu ao coronel Francisco. Estão com aquele horrível homem, coitadas!

Abaixou a cabeça, estava muito triste e desiludido.

— Não é boa notícia, mas não perca a esperança, poderá comprá-las. O coronel Francisco não venderia escravos a mim, e já é você conhecido por aqui. Podemos disfarçá-lo, vestindo-o como um cavalheiro. Deve ir tentar. Sairá daqui à noite e pela manhã se apresentará a ele, dizendo que veio de São Paulo e quer comprar sua família. Vestirá minhas roupas e farei outra carta de alforria a você, com outro nome.

— Comprá-las, sinhô? Não tenho dinheiro.

— Darei a você, emprestarei, Leôncio, pagará aos poucos, o importante é libertar os seus. Ofereça boa quantia a ele, o coronel Francisco é ambicioso, não deixará de fazer bom negócio. Comprá-las-á e as levará para a estalagem na saída da vila, fique lá uns três dias, depois, veremos. Poderá partir, ir embora livre e recomeçar a vida em outra parte.

— Queria ficar aqui, sinhô, vivermos todos aqui.

— Vá para a estalagem, após uns dias, mandarei buscá-los.

— Será que ele me venderá as três?

— Penso que sim. Fará boa oferta. Vamos já providenciar tudo. Melhor partir já, passe esta noite na estalagem.

— Obrigado, sinhozinho. Nunca encontrei alguém tão bom como o sinhô. Juro que eu e elas lhe pagaremos tudo, serei fiel e nunca me esquecerei o favor que nos faz.

Surpreendi-me novamente com Leôncio, ele pegou-me a mão, beijou-a e suas lágrimas molharam-na.

Ficou muito elegante com terno e chapéu de couro, saiu meio escondido e só os guardas na casa-grande o viram. Dei o dinheiro que me pareceu o suficiente e desejei-lhe boa sorte.

Ao partir, orei por ele, pedindo a Deus para tudo dar certo. Será bom vê-lo feliz, é tão triste separar-nos de quem amamos.

Da varanda, olhei-o na estrada até sumir, quando Nércio aproximou-se de mim:

— Sinhozinho, estou preocupado com a menina Glorinha, tem andado muito a cavalo por aí, ela e Bárbara. Hoje as segui, foram à Fazenda Assombrada.

De fato, tinha-as visto chegar pouco tempo antes; já havia algum tempo que Glorinha andava por toda a fazenda com sua ama Bárbara e sua arma na cintura, acompanhando-a. Mas pelo jeito de Nércio, estava minha irmã fazendo algo escondido; pensei em pedir a ele para dizer o que vira, mas preferi indagar a minha irmã.

— Obrigado, Nércio, vou falar com ela.

Preocupado, entrei em casa e fui ao quarto dela, abri a porta e entrei. Não era nosso costume, nunca entrara no quarto de um irmão, sem bater. Acho que a preocupação me fez distrair. Glorinha levou um susto enorme. Estava sentada na cama lendo um papel e o escondeu rápido.

— Dê-me isso, Glorinha! Dê-me! — Glorinha olhou-me assustada e negou com a cabeça, eu insisti: — Glorinha me dê ou eu o tomo. Vamos, me dê este papel.

Tirou debaixo do vestido a folha, agora amarrotada e me deu.

Era uma carta de amor. Alguém dizendo que a amava, falava de seus sonhos, e acabava com dois versos apaixonados. Estava assinado só pelo primeiro nome: João.

— João! — exclamei. — Quem é?

Glorinha continuava muito assustada, tremia e olhava-me com muito medo.

Mentalizei quem poderia ser. Amigos, não, não eram; amigos não esconderiam, não haveria motivos. Empregado? Não, não tínhamos empregados com nome de João. Escravo?! Não, só tínhamos Tião que sabia ler e escrever. Que motivo teria para esconder-se? Inimigo? Só tínhamos um inimigo. De repente estremeci, lembrei de Marcina, no que me disse: "Meu irmão João veio só para visitar-nos e ficou, não sei por quê!".

— Glorinha! Quem é este João que você esconde? Quem? Não me responde? Não tem coragem? Não é o filho do coronel Francisco?

Glorinha afirmou com a cabeça, e lágrimas correram-lhe pelas faces, torcia as mãos; embora nervosa, não chorou alto.

Sentei numa banqueta, senti-me desiludido. Que será que Deus me reservara? Eu que em sonhos planejei uma vida diferente. Sem preparo, me vi chefe de uma família, tendo muitas pessoas sob minha responsabilidade. Não me sentia em condições para tal chefia. Já era chamado por muitos de coronel Castro, como meu pai, título de que não gostava, mas aceitava. Com tantas responsabilidades, que fazer? Apaixonei-me pela filha do nosso inimigo, o mandante do assassinato do meu irmão! E agora, como resolver esse problema de minha irmã caçula, de quinze anos, enamorada de outro filho dele? Seria brincadeira de mau gosto do Cupido, ou desígnios de Deus que eu não conseguia entender?!

Glorinha olhava-me do mesmo modo, nada disse enquanto pensava. Senti-me cansado, triste e entreguei-lhe a carta:

— Glorinha, é puro seu amor? Quero dizer, não tem consequências?

— Juro, Jorge. João me ama e me respeita.

— Ainda bem...

— Jorge, nada faço por mal, não quero aborrecer ninguém. Amo-o, amo-o muito. Vi-o naquele domingo na missa, vimo-nos, trocamos um olhar e senti-me fascinada por ele, amei-o logo que o vi e ele a mim. Foi como se nos amássemos há tempos, a vida inteira. Só pensei nele, esforcei-me por não o fazer, mas não consegui. No outro domingo, um menino entregou-me um bilhete, ninguém viu e o escondi rápido, ansiei por chegar em casa para lê-lo, era dele e marcava um encontro à tarde na nascente da Pedra Torta, na Fazenda Assombrada. Fiquei com medo, mas acabei indo e levei Bárbara.

— Bárbara sabe?

— Não a castigue, Jorge, só eu sou culpada. Bárbara me ama, faz tudo o que quero. Obriguei-a a se calar.

Glorinha era corajosa, digna, defendeu a escrava. Entendia o porquê de Bárbara ter silenciado, as duas eram amigas e estimavam-se bastante.

— Não vou castigá-la.

— Jorge, entenda-me e ajuda-me. Foi você mesmo quem me disse que não ia arrumar casamento para mim, que eu deveria fazer isso sozinha.

— Disse, pensando que escolheria um dos nossos amigos.

— João não é nosso inimigo, nada tem com o pai.

— Que pretendem fazer, Glorinha? Quais são seus planos?

— Fugir para São Paulo, casarmos, sermos felizes. Nada temos a ver com estas brigas.

— Ama-o com certeza? É isso que quer, sem dúvidas?

— Sem ele, morro. Amo-o como a vida!

— Então vão ter de casar antes de fugir. Ah, isto vão! Nem que seja só eu a assistir a cerimônia.

— Jorge! Então não é contra?

Glorinha pulou da cama, chegou perto de mim e olhou-me esperançosa. Abracei-a.

— Não é o marido que sonhei para você. Prometi não interferir nas escolhas de vocês. Não sei se faço bem, mas não vou impedir. Mamãe sofrerá muito quando souber.

— Jorge, meu irmão, juro que, se pudesse, teria evitado. Não quero que mamãe sofra mais, tenho esperanças de que se conformará. Se conhecer João, verá como é bom, amável, diferente do pai.

— Glorinha, quantas vezes se encontra com ele na semana?

— Encontramo-nos quase todos os dias.

— Diminua. É perigoso. Nércio já viu, e já sabe, irá com vocês de agora em diante. Devem planejar tudo, partirá com ele, se assim o deseja, porém exijo que se casem. Só concordo, com essa condição.

— João sempre quis casar comigo. Obrigada, Jorge. Obrigada!

— Ah, Glorinha! Não me agradeça, se pelo menos tivesse a certeza de que procedo certo... Não se arrisque, por favor. Se acontecer algo de ruim a você, morro de remorsos.

— Nada de mal acontecerá comigo, Jorge. Age certo, é bom e compreende-me. Vou ser feliz com ele, sem ele é que estarei mal, infeliz.

Saí para a varanda aborrecido e preocupado, e lá me esperando, estava Nércio.

— Já sei de tudo, Nércio, Glorinha contou-me.

— Que fez o sinhô?

— Nada, concordei.

Nércio olhou-me, assustado, nada disse. Expliquei:

— Eles se amam, Nércio, não posso impedir. Ela continuará a encontrar-se com ele, quero que vá junto e vigie. Por enquanto, guarde segredo.

— O sinhozinho tem certeza de que é isso o mais acertado? É perigoso, ele é filho do nosso inimigo, do assassino do sinhozinho José.

— Eu sei, Nércio, eu sei. Que devo fazer? Responda-me. Matar João numa emboscada? Proibir Glorinha de vê-lo, trancando-a em casa? Poderei impedir de se verem, mas não acabar com o amor. Casarão e irão embora.

— O sinhozinho é quem sabe e manda. Farei o que me pede. Mas, se eu fosse o sinhô, não deixava, não. Embora João seja bom, todos falam que é ótimo moço, mas na Fazenda Morro Vermelho quem manda é o coronel Francisco e seu filho Lucas. Vou ficar de olho, gosto da menina Glorinha e a defenderei com a própria vida.

— Obrigado, Nércio, obrigado.

"Ah!", pensei. "Se Nércio soubesse que eu também amava a filha do inimigo, chamar-me-ia de louco". Às vezes, pensava se assim estaria bem, enamorado da filha do meu inimigo. Marcina não era linda, e sim bonita, simples, uma moça comum, considerada solteirona por estar com vinte e dois anos e não se ter casado. Por esse motivo, não tivera coragem de proibir minha irmã de amar, entendera-a.

Na segunda-feira à tarde Leôncio regressou à fazenda, sozinho. Ao vê-lo chegar, entendi que não conseguira fazer o negócio, fui recebê-lo na varanda. Aproximaram-se os homens curiosos e ele nos explicou, tristemente:

— Sinhozinho Jorge, fiz como combinamos. Estava dando certo. Deixaram-me entrar na fazenda, fui levado ao coronel. Expliquei o que viera fazer, ele afirmou tê-las realmente e mandou buscá-las no trabalho. Ah, sinhô Jorge! Que emoção rever minha mãe Tereza e minhas irmãs Luzia e Maria. Choramos comovidos ao nos abraçar. Também, conheci meus três irmãos, nascidos na Morro Vermelho, filhos de cruzamentos. Estava a negociar com o coronel o dinheiro que o sinhô me deu, ia dar para comprar todos. Estava feliz, meu peito parecia estourar. Foi quando um dos homens do coronel Francisco o chamou, tive um pressentimento ruim. Ao voltar, veio acompanhado com três capangas e mandou minha mãe e meus irmãos voltarem ao trabalho. Esperou que eles saíssem e começou a perguntar tudo novamente com olhar ruim e sorriso cínico.

— Então o alforriado é da capital? Ganhou todo este dinheiro trabalhando? Pensa que sou bobo, seu negro sujo? Trabalha na Fazenda Sant'Ana, é um dos jagunços dos Castros. Nunca venderei escravos a você e a eles, nunca, entendeu?

— O coronel Francisco foi se exaltando, me xingou de todos os nomes feios que existem e finalmente disse:

— Só sai daqui vivo para dar um recado ao moleque de fraldas do Castro. Nunca ele comprará escravos meus. Nunca! Agora vá! Fora!

— Tentei explicar, não me deixaram falar, vigiaram-me até a saída da fazenda. Malditos! Por que tamanha maldade?

Leôncio entregou-me o dinheiro, chorando, nenhum dos meus homens ousou fazer comentários, todos compartilhavam da dor dele. Lembrei do que o Pai Tomás dissera: "Antes ele não soubesse onde estavam".

— Não desanime Leôncio — disse —, acharemos um jeito de libertá-las ou de algum amigo comprá-las.

— Sim, sinhô, agradeço.

Afastou-se triste. Não seria fácil adquiri-las. Por pirraça do coronel Francisco não as venderia a ninguém, desconfiaria de qualquer um que quisesse comprá-las; seria este um favor delicado e deveria pensar bem antes de fazer esse pedido a algum amigo, que se negaria assim evitando mais brigas.

Na terça à tarde, Nércio veio até mim, preocupado:

— Sinhozinho, acabo de saber que o malvado do coronel Francisco colocou, desde ontem à noite, as três, Tereza, Luzia e Maria, no tronco.

— Quê?! Repita.

— O coronel Francisco as colocou no tronco.

— Por quê?

— Só porque o sinhô queria comprá-las. Por Leôncio ser seu empregado.

— Faz afronta a mim?! Que é que as coitadas têm com isso? Como soube, Nércio?

— O sinhozinho me perdoa, não fiz por mal. É que encontro às vezes com Tião, um amigo escravo de lá, é como meu irmão. Quando temos algo importante a contar um para o outro, fazemos um sinal e nos encontramos no rio, ele pode fazer isto porque serve na casa-grande, vai ao pomar catar lenha.

— Você, Nércio, desobedecendo-me, num encontro deste? Podem matá-lo!

— Não se aborreça comigo, sinhozinho, sei me cuidar, esses encontros são raros, gosto deles e tenho tanto dó, sofrem muito por lá. Sinhozinho, não conte como ficou sabendo, é segredo. Se Joana souber, ficará brava comigo e me deixará sem comida.

Se não estivesse tão aborrecido com a notícia, daria boa gargalhada. Nércio e Joana, um casal que servia na casa-grande, que se amavam, que nós queríamos bem e eles a nós, já velhos e tendo encontros escondidos um do outro.

— Não digo a ninguém, mas prometa ter cuidado, Nércio, e evite esses encontros. Dê a notícia na fazenda, não diga como soubemos.

— Tem outra coisa, sinhozinho, andam falando que a fazenda Morro Vermelho está sendo assombrada por Chico. Dizem que muitos o veem, os que têm dom de ver os mortos da carne. Falam que é "alma penada", que alguns negros judiam dele. Que está acorrentado e todo machucado com as facas no corpo. O bando anda como loucos pela fazenda. Os negros se vingam dele, e ele urra com ódio de todos os negros. Tião me contou que ele influi no pai para que judie ainda mais dos escravos. É uma visão horrível!

Nércio se benzeu.

— É possível isso, Nércio? — indaguei curioso.

— Como não, sinhozinho! O que plantamos, colhemos, é a lei de Deus. Só que esses negros que perseguem o sinhô Chico estão errados, deveriam perdoar como Jesus nos ensinou. Mas lá na Morro Vermelho os negros não têm religião, o coronel não deixa que aprendam nem sequer a nossa, por tradição. Mas os bons esquecem e perdoam, eles sofrem juntos, preferem sofrer a se vingar. E, com isso, fazem os escravos da fazenda sofrerem mais ainda.

— Conseguem judiar do Chico? Ele sente dores?

— Judiam, sim, fizeram dele um escravo, perseguem-no mesmo.

— Ele pode influenciar o coronel Francisco?

— Dois maus se entendem, o coronel Francisco não escuta o filho com os ouvidos do corpo, mas sente com a alma!

— Que coisa estranha!

— Agem os negros que o perseguem como demônios, igual ao que o padre fala dos garfos e do fogo no Inferno. Sinhô Chico fez por merecer.

Não consegui dormir naquela noite. O que Nércio falara sobre Chico impressionou-me, não vira eu o meu pai? Só que bom, antigos escravos ajudaram-no, assim mesmo voltara ao antigo lar. A morte do corpo tinha muitos mistérios para mim, que gostaria de saber. Pensei muito, nas três no tronco; indiretamente era culpado, fora precipitado e ingênuo pensando que não reconheceriam Leôncio. Deveria ter pedido a algum coronel, amigo nosso, para adquiri-las. Maltratar escravos era proibido por lei, mas seria mais ingênuo ainda acreditar que alguém tomaria a defesa delas. Ali, cada senhor ditava suas leis.

Quarta-feira passou lentamente. Fui ansioso me encontrar com Marcina, planejara contar a ela o namoro entre João e Glorinha. Na fazenda, todos comentavam com tristeza o castigo da mãe e das irmãs de Leôncio, e ele estava triste e calado.

Marcina veio logo após eu ter chegado, estava com um véu negro no chapéu tampando o rosto. Estranhei, nunca a vira assim. Ao ajudá-la a descer do cavalo, assustei:

— Marcina, que aconteceu a você?!

Marcina estava vestida, só apareciam as mãos e o rosto, este estava com hematomas em diversos lugares, lábios inchados, olhos roxos. Tirei o véu e ela olhou-me com tristeza e pareceu-me a Marcina de antigamente, um esquilinho assustado. Abracei-a penalizado, senti seu coração bater forte, delicadamente acariciei seus machucados.

— Está machucada também pelo corpo?

— Um pouco.

— Por quê, Marcina? Quem fez isto?

— Meu pai, ele está louco, Jorge, louco de maldade. Nunca foi bom pai, já me surrou muitas vezes. Dessa vez foi por defender umas negras que colocou no tronco. Pedi a ele para não fazer isso e mandou-me calar. Enchi-me de coragem e implorei, nem me respondeu e saiu de perto de mim. Angustiada com o castigo tão injusto das três, fui vê-las e a elas dei água. Contaram a meu pai e ele me surrou para que aprendesse a não interferir em suas ordens. Infelizmente, João não estava para defender-me.

Não conseguia entender as atitudes desse homem, que era pior do que pensava. Sentamos e ficamos juntinhos. Senti raiva do coronel Francisco, tive vontade de roubar Marcina, levá-la já comigo. Mas não me precipitaria de novo, não deveria morrer ninguém pelo nosso amor, e numa briga maior entre nós dois, muito sangue inocente se derramaria. Querendo confirmar o motivo do castigo, indaguei:

— Marcina, por que seu pai as castiga?

— Só porque você quis comprá-las.

As negras não deveriam ser castigadas para me atingir; e se eram por minha causa seus castigos, caberia a mim libertá-las.

— Marcina, diga-me, quantos homens seu pai tem? Quantos jagunços? Ficam de guarda na fazenda? Diga-me com detalhes como é a fazenda, os lugares, onde se situa a senzala, a casa-grande, o celeiro.

— Por que, Jorge?

Mas, antes que eu respondesse, começou a explicar. Confiava em mim e sentiu que era para algo sério, talvez para roubá-la no futuro.

Marcina deu-me a planta toda da fazenda, os lugares de tudo, e eu prestei muita atenção guardando-os na memória. Espantei-me, porém, ao saber que o coronel Francisco tinha poucos homens e que não estava armado como pensava.

— Pensei, Marcina, que seu pai tinha mais jagunços.

— Não tem tantos porque meu pai lhes paga mal. Os escravos são presos, não são como os seus que até andam armados, nossos escravos o odeiam.

"Melhor para mim", pensei, "tinha quase o triplo de homens armados e de armas que ele. Sua avareza me facilitaria, nos dava vantagens."

— Marcina, não se preocupe, deixe os problemas comigo, vou resolvê-los. Procure ficar longe de seu pai e não interfira mais nos assuntos dele, fique de escuta, qualquer perigo, avise-me.

Acariciei seu rosto machucado, já soubera de muitos senhores maus, mas bater assim numa filha, nunca soubera.

— Devo ir, Jorge, está na hora.

Beijei-a nos lábios machucados; pela primeira vez a beijava.

— Amo-a, Marcina. Quero-a para minha esposa. Casaremos e seremos felizes.

— Obrigada, Jorge, amo-o muito.

Olhei-a, estava agora calma, agradecida e feliz. Pensei: "Como as mulheres deveriam emancipar-se, dar-se o devido valor. Pelo que Marcina era, todos deveriam respeitá-la, e ela agradeceu-me por respeitá-la e amá-la".

Beijamo-nos novamente. Tive a certeza de que só com ela me casaria, só com ela seria feliz.

Fiquei olhando-a, até virar o atalho e esperei Tião e Samuel virem até mim; voltamos à fazenda.

Mil pensamentos matutavam-me. Ao chegar, disse a Tião:

— Tião, chame Manuel e Nércio, e venham vocês quatro ao meu escritório.

Entretanto, esqueci-me de contar a Marcina sobre João e Glorinha.

O resgate

Enquanto os esperava, desenhei a Fazenda Morro Vermelho como Marcina a descrevera. Quando os quatro chegaram, fechei a porta e falei:

— Resolvi assaltar Morro Vermelho e resgatar a família de Leôncio. Quero saber se posso contar com vocês. Todos concordam? Muito bem, então me ajudem a planejar, tem de ser logo, senão as negras morrem. Nesta noite.

Os quatro olhavam-me, curiosos, depois se olhavam entre si, Nércio aventurou-se e deu seu palpite:

— Sinhozinho, não acha perigoso?

— Não, Nércio, não se fizermos tudo bem feito. Escutem: tenho aqui o desenho da Fazenda do coronel Francisco. Necessito de seis homens para ir comigo. Desceremos pelo rio, olhem meu desenho. Neste local passaremos para a fazenda dele, cortaremos a cerca, após passar a lavoura de café, e chegaremos ao pomar. Um de nós irá até o celeiro e porá fogo, todos na fazenda correrão para apagá-lo. Leôncio e um outro irão à senzala e pegarão os irmãos dele, e eu e mais três pegaremos as escravas no tronco. Voltando pelo mesmo caminho, andando bom pedaço pelo rio, despistaremos, e ficarão sem saber se subimos ou descemos o rio.

— O sinhô esquece o pessoal do coronel, tem ele homens armados lá, não acha sete homens muito pouco para esta façanha? — indagou Manuel preocupado.

— O coronel Francisco não tem tantos homens como pensamos. Tem oito jagunços e sete empregados que, na hora do fogo, deverão ir apagá-lo ou vigiar os escravos que o apagarão.

— O sinhô tem certeza? O coronel deve ter mais homens.

— Manuel, sei do que falo. Pois não tem.

Tião e Samuel confirmaram, Nércio e Manuel olharam-me, curiosos, mas não perguntaram onde tivera a informação, e eu nada falei. Não queria por enquanto que ninguém mais soubesse do meu amor por Marcina. Continuei:

— Leôncio e família ficarão escondidos na Fazenda Assombrada, os negros fantasmas não devem fazer mal nenhum a eles, seus irmãos em dificuldades. Esconder-se-ão nas ruínas da casa-grande. Nércio vá lá, por favor, e avise Pai Tomás. Foi ele quem me mandou dizer que se necessitasse de seu favor podia contar como certo, ele nos ajudará. E já leve com você mantimentos, roupas, cobertas, pois deverão ficar muito tempo escondidos. Manuel, alguém, aqui na fazenda, conhece bem Morro Vermelho?

— Há Lourenço, sinhô, há quatro anos trabalhou lá, tem ódio do coronel Francisco. Sua filha, na época com doze anos, foi estuprada por Chico; quando ele foi reclamar, o coronel achou ruim e os expulsou. José lhe deu trabalho e veio para cá. Sua filha agora casou e vive bem, mas ele guarda muito rancor das humilhações que sofreu lá, até bateram nele.

— Podemos confiar nele?

— Ele é bom, nada temos para reclamar dele, é honesto, trabalhador, só não gosto do ódio dele. Para mim, quem tem ódio no coração é doente da alma. Acho que pode ajudar, se pedirmos para esquecer o seu ódio.

— Manuel, escolha dois homens e chame Leôncio e Lourenço. Não quero ninguém indo por ordens, diga que necessito deles para algo perigoso e que podem negar se quiserem, como vocês, Tião e Samuel. Se não quiserem ir, eu os compreenderei.

— Eu vou.

— Eu também.

— E eu e Nércio não iremos? — indagou Manuel.

— Ficarão a tomar conta dos cavalos.

— Somos velhos, não é? Atrapalharemos — queixou-se Nércio.

— Não é isso. De fato, teremos de ser rápidos e a caminhada será difícil. Mas os quero longe disso. Se algo nos acontecer, deverão cuidar da fazenda, deverão buscar Pedro e casá-lo com Carlota. Deverá ele assumir a fazenda e vocês ajudá-lo.

— O sinhô não deve se arriscar assim! — disse Nércio preocupado.

— Não me arriscarei, confio no meu plano e não estou disposto a morrer, mas sim continuar a viver. Manuel, vá, chame os homens. Nércio deve ir já à Fazenda Assombrada. Diga a Joana que a roupa e os alimentos são para Pai Tomás e uns necessitados que ele abriga e não fale a ninguém sobre o que vamos fazer.

Não esperei muito, e Manuel voltou com Leôncio, Lourenço, Matias e Cabral. Olhei-os, satisfeito. O grupo estava muito bom. Falei:

— É arriscado o que vamos fazer, não é uma ordem, irão se quiserem — como todos afirmaram que iriam, esclareci: — Vamos nesta noite resgatar a família de Leôncio.

— O sinhozinho Jorge fará isto?! — exclamou, emocionado, Leôncio. — Que Deus lhe pague e nos ilumine!

— O coronel Francisco afrontou-me, castigando-as só porque quisemos comprá-las.

— Creio que o coronel Francisco não espera por essa atitude, será pego de surpresa, acha o sinhozinho incapaz para isso.

— Por que diz isso, Cabral?

— O coronel Francisco anda dizendo por aí que o sinhô é moleque e que tem um bando de homens burros e uns negros fantasiados de homens.

Os outros concordaram, e senti que o coronel falava muito mal de nós, mas nada vindo dele me surpreenderia. Só que ele ia ver o que um "moleque de fraldas" faz quando tem inteligência.

— Lourenço, você conhece a Fazenda Morro Vermelho, não é? Que acha deste desenho?

— Muito bonito, nunca vi nada igual.

— Não, o que quero saber é se é assim mesmo Morro Vermelho.

Lourenço olhou bem e deu seus palpites:

— Aqui é maior, o celeiro é mais embaixo, nesta parte o pomar é mais estreito e fácil de andar, os troncos de castigo ficam mais para cá.

Fui acertando o desenho conforme Lourenço falava, depois, expliquei meu plano e Leôncio lembrou:

— Nércio sabe despistar os rastros, sinhozinho.

— Nércio então ficará para trás e apagará as nossas pegadas. Levaremos cavalos para todos. Neste ponto os largaremos, na volta Tião acompanhará Leôncio e os seus até a fazenda, nas ruínas. Os restantes devem voltar para casa. Manuel, dê ordens aos que ficarão de guarda nesta noite para estarem atentos. Ninguém deve ficar sabendo o que faremos nesta noite e não se deve comentar nem após. A segurança da família de Leôncio depende do segredo. Devem dizer que me acompanharam a encontros com mulheres e deixaram os cavalos na porteira, digam que é para dona Catarina não saber. Aceito sugestões, palpites.

— Sinhô — falou Tião —, cada um de nós poderia levar um roliço com o qual poderemos silenciar, caso alguém nos veja, sem entretanto matar.

Roliço era um pedaço de pau, lixado, medindo uns 20 cm, que eu nem sabia por que os tínhamos. Desde os tempos do meu avô que estavam na fazenda, ficavam dependurados pelo galpão.

— Boa ideia, Tião. Um tiro disparado alertará de nossa presença, aí salve-se quem puder. Como já disse, vamos em resgate salvar pessoas e não matá-las, não quero mortes. Armados com roliços, só em último caso, usem-no ou a faca, mas para ferir, não para matar. Se todos agirem certo, com cautela, não necessitaremos de usar violência. O coronel Francisco não espera um ataque, acha-me incapaz e medroso, um moleque que é fraco para ele.

Tanto melhor para nós, não desconfiará de nada quando vir o fogo no seu celeiro e mandará todos os seus homens para apagá-lo ou vigiar os negros a fazê-lo.

— Sinhô Jorge — disse Lourenço —, conheço bem a fazenda, para mim será fácil ir ao celeiro.

— De fato, como conhece é mais fácil, irá, preste muita atenção, deve ser bem cuidadoso: coloque fogo na ala sul; não quero que incendeie o celeiro todo, o fogo deve ser necessário para podermos agir. Colocando-o nesta parte, distanciará o pessoal para mais longe do local do resgate e também estará perto do poço, e o fogo deverá ser apagado com mais facilidade.

— O sinhô Jorge pode confiar em mim, farei tudo como manda, com todo o cuidado e com prazer.

— Lourenço, esqueça mágoas, o passado, não pense em vingança. Se um de nós falhar, todos sofreremos: a Fazenda Sant'Ana, nossas famílias.

— Sirvo o sinhô, lá fui humilhado, odeio-os, mas sei das minhas responsabilidades. Dou minha palavra que só farei o que me compete e do melhor modo possível, ninguém me verá. Não arriscarei minha vida, tenho filhos pequenos e somos felizes aqui, graças ao sinhô e aos seus. E por nada arriscarei a vida de todos!

— Certo, Lourenço, leve somente uma lata pequena de querosene.

Repassamos o plano novamente, estávamos entusiasmados, e cada um sabia o que fazer com segurança, e assim dei a última recomendação:

— Ninguém deve saber; se por acaso tiver um traidor na fazenda é morte para todos nós. E depois Leôncio e família correrão perigo se mais pessoas souberem. Não se esqueçam de vestir roupas escuras. Agora vamos.

Todos saíram e fui providenciar minha roupa, carreguei mais duas garruchas e escolhi dois punhais para armar-me. Na gaveta em que guardava as armas, bem no fundo, na caixa de guarnições, estavam os bilhetes que Marcina me mandava e o pedaço de broche: peguei-os, apertei-os e beijei-os. Lembrei-me dela toda machucada.

— O coronel Francisco merece isso! — resmunguei.

O jantar foi servido, tudo fiz para parecer natural, e após, como de costume, ficamos conversando. Era sempre a hora em que nos reuníamos para conversar, falar do passado, eu contava histórias de minhas viagens e acontecimentos no período em que estivera na França. Senti-me aliviado quando mamãe se despediu para ir dormir e fui com ela, estava ansioso. No meu quarto contava os minutos esperando pelas onze horas, horário marcado para irmos. Na fazenda, calculavam horas pelo tempo e lugar do sol, e à noite, pelas estrelas. Tentei ler, não conseguia concentrar-me, muito antes da hora, já estava pronto. Alguns minutos antes das onze horas saí cuidadosamente de casa, andei até a porteira e todos já estavam a esperar-me; sem fazer barulho, montamos nos cavalos e partimos.

Ao nos afastarmos das casas, Manuel orou alto:

— Senhor, meu Deus, proteja-nos, dai-nos assistência de seus anjos e espíritos para ajudar-nos — declamou um Pai-Nosso e três Ave-Marias, e todos nós o acompanhamos.

Fiquei a pensar no pedido sincero e simples de Manuel e me lembrei do pastor Germano e no que ele nos dissera a respeito da oração:

"Jorge, oração é força, uma força poderosa se tivermos fé, e por ela devemos pedir só o bem, não só o nosso, mas para todos. Lembre-se sempre de que todos nós somos irmãos e Deus é Pai de todos, dos bons e dos maus, que são temporariamente doentes, necessitados mais ainda de carinho, de aprendizado. Nunca peça ao Pai algo bom a uns e algo mau a outros. Ele nos dá o exemplo, deu-nos o sol, a chuva para todos, a bons e maus".

"Será", pensei, "que pedindo proteção a nós nesta façanha não estaríamos a prejudicar outros? O fogo no celeiro trazendo prejuízo justificaria a liberdade das negras? Ah, meu Deus! Como estou inseguro." As responsabilidades eram muitas, e sabia que a responsabilidade em ombros invigilantes os fazem sucumbir. Orei, orei com fé e pedi ao Pai o melhor para nós todos, para meus companheiros e para eles, os moradores da Morro Vermelho.

A lua era crescente, isso nos facilitava, não era noite clara e não estava totalmente escura. Nércio ia na frente, guiando-nos.

Chegamos ao rio, no local combinado e descemos dos cavalos. Nércio colocou as mãos no meu ombro e, com seu jeito carinhoso, falou-me:

— Sinhozinho, se a bênção de um homem crente valer, eu lhe dou tudo de bom que tenho. Deus lhe guarde e a todos vocês. Pai Tomás disse que os espera e que lá ninguém irá procurá-los, ele garante e eu acredito. Boa sorte.

— Obrigado, Nércio.

Entramos n'água. O rio não era fundo, havendo um pedaço em que a água me chegava no peito. A água estava fria e andamos cautelosos evitando fazer barulho. O rio seguia naquele pedaço em direção reta, declinando. Íamos a favor da correnteza e sabíamos que para voltar seria mais difícil. Este rio, mais um riacho, após a ponte a uns três quilômetros, unia-se com outro rio maior. Se fugitivos chegassem a ele e conseguissem uma embarcação, iriam longe. Se meu plano desse certo, tudo levaria a crer que os fugitivos haviam descido o rio, em vez de subi-lo e, como não os achariam, pensariam que fugiram numa canoa.

Chegamos ao local combinado e saímos do rio, subimos um pequeno barranco e entramos nas terras do coronel Francisco. Com as ferramentas que levamos, cortamos a cerca, resistente e reforçada na nossa divisa, passamos o cafezal, cortamos a outra cerca e entramos no pomar. Segundo Marcina, na fazenda havia poucos cães, todos vira-latas e inofensivos, porque seu pai não tolerava seus latidos. O coronel dormia pouco e qualquer barulho incomodava-o.

Paramos no meio do pomar, Lourenço adiantou-se, levava somente uma latinha com querosene para iniciar o fogo. Aguardamos ansiosos e silenciosos.

"Ah, Marcina!", pensei. "Está tão perto de mim agora, se soubesse que estou nos fundos de sua casa, tremeria de medo. Será que um dia voltarei aqui para buscá-la? Só em último caso, pois tinha esperança de conseguir pacificamente Marcina para mim, mas não hesitaria em buscá-la caso fosse necessário; sem ela é que não ia ficar, amava-a realmente."

O pomar era bem cuidado, e de onde estávamos as árvores não nos deixavam ver nada além. Tudo estava silencioso, e o tempo que esperamos pareceu-nos horas.

— Fogo! Fogo no celeiro!

Quando ouvimos gritos, fomos para a parte de cima do pomar, e à medida que avançávamos ouvíamos a confusão e a gritaria. Avistamos o pátio onde estavam os troncos, como também vimos o fogo que me pareceu alto com muita fumaça subindo. Aguardamos Lourenço. Não esperamos muito, ele chegou e com um sinal indicou que tudo estava certo.

Cautelosos, saímos para cumprir as tarefas planejadas. Lourenço ia esperar Leôncio, escondido, resguardando-o, enquanto libertava seus irmãos da senzala. Tião seguiu-os para resguardá-los pelo lado de cima. Samuel, Cabral e Matias seguiram em direção ao centro do pátio para libertar as negras. Segui com eles, deveria dar-lhes cobertura.

Como havia previsto, o pátio estava vazio, todos foram para o celeiro tentar apagar o fogo. Chegamos ao pátio sem problemas. As três estavam imóveis. Quando nos viram, ficaram assustadas e expliquei baixo:

— Calma, viemos com Leôncio, ele foi buscar os irmãos na senzala. Vamos libertá-las, confiem em nós, somos todos amigos, venham conosco e não façam barulho.

Senti muito dó ao vê-las naquele estado de fraqueza, com as roupas rasgadas, com ferimentos pelo rosto e corpo. Estavam presas numa posição incômoda, com os braços para cima, atados pelos pulsos, e estes sangravam, feridos. Embora tivesse morado sempre em fazenda, nunca tinha visto um negro no tronco.

Quando pequeno, se estávamos na vila e algum negro ia ser castigado no tronco, meu pai afastava-nos. Sabia dos castigos que havia, mas saber é uma coisa, ver é outra. Comovi-me muito com seus olhares pedindo compaixão, auxílio. Com as facas cortamos as faixas de couro que as prendiam. Dei graças por não ser corrente, o que nos dificultaria para soltá-las. Pareciam não sentir os braços e notei que sufocavam os gemidos, estavam tão fracas que necessitamos carregá-las. Cada um carregou uma delas, a princípio fiquei atrás até atravessarmos o pomar, depois, vendo Matias um tanto cansado, peguei a irmã de Leôncio e ele foi na frente, verificando estar o caminho livre. Atravessamos o cafezal, percebi que a mocinha que carregava estava grávida. Ao chegarmos ao barranco, colocamo-las no chão e correram em desespero para tomar água.

Não houve comentário, nossos sentimentos eram os mesmos, uma compaixão profunda. Após tomarem bastante água, deitaram na terra molhada. Matias tirou umas faixas de pano do bolso, que trouxera, imaginando que as utilizaria, e delicadamente foi até elas e lhes enfaixou os pulsos para pararem de sangrar.

Esperamos alguns minutos e chegaram Tião e Leôncio com dois meninos. Emocionado, abraçou as três, e os seis uniram-se chorando. Leôncio disse:

— Jonas foi apagar o fogo.

— Ficou! — exclamou Tereza, a mãe de Leôncio, com uma voz tão sentida que minha vontade foi de voltar e pegá-lo.

Jonas era o mais velho. Leôncio dissera que contava com nove anos, os que vieram tinham sete e cinco anos, pareciam mais novos, eram magros, assustados, estavam com medo.

Fraca, cansada, Tereza ainda tinha forças para acariciar os filhos, olhava-os com amor e amargurando-se pelo que ficara. Eu que tanto vira minha mãe sofrer com a perda de José, entendia o sofrimento dela. Acaso seria Tereza diferente por ser negra? Falei a ela encorajando-a:

— Tereza, tranquilize-se, a vida de vocês vai mudar, ficarão bem escondidos e ninguém os achará, serão todos livres agora. Prometo-lhe que logo que for possível, voltaremos e pegaremos Jonas.

Tereza observou-me e sorriu sem abrir os lábios, virou para Leôncio e perguntou:

— Quem é ele, filho?

— Meu senhor e amigo, minha mãe. Ao sinhô Jorge devo tudo, minha liberdade e, agora, a liberdade de vocês.

— Sinhô Jorge? O moleque de fraldas? Digo, o sinhô me desculpe, é o sinhô de Sant'Ana?

— É ele mesmo, minha mãe.

Sorri, "moleque de fraldas", o coronel só deveria se referir a mim deste modo. Tereza, que estava sentada, esforçou para se erguer, pensei que fosse levantar, mas ajoelhou-se no chão e disse, chorando:

— Obrigada, meu Deus! Deus lhe pague, sinhô Jorge, que o Pai do Alto lhe dê vida longa, saúde e proteja meu Jonas.

Segurei as lágrimas, emocionado, e dei-lhe a mão ajudando-a a se levantar.

— Só a Deus devemos agradecer. Serão felizes todos juntos. Como Lourenço demora, não devemos esperar mais, é perigoso, deixemo-lo para trás, vamos embora. Um de nós leve as armas e as ferramentas e cada um ajude a um deles. Vamos!

Os meninos montaram nos ombros, um em Cabral, outro em Matias, e eu apanhei uma das mocinhas, entramos na água, quando chegou Lourenço apressado, vi que seu braço esquerdo sangrava, começamos a andar, indaguei-lhe:

— Preocupou-nos, Lourenço. Por que se atrasou?

— Um imprevisto, sinhô, um dos empregados me viu, ia dar o alarme, chegou a sacar a arma para atirar em mim, tive de lutar com ele e deixei-o ferido, arrastei-o e deixei-o escondido.

— Tem certeza de que só feriu? Ele o viu? Devemos ir mais depressa!

— Só o feri, sinhô. Estava escuro, não deve ter me visto, se me reconheceu, negarei.

Suspirei preocupado; aí, olhei bem para Lourenço, estava com o rosto todo negro, ninguém diria que era branco, olhando assim, na noite.

— Sinhô — disse ele —, passei carvão no rosto, achei melhor, na Morro Vermelho muitos me conhecem, disfarçado ninguém reconheceria. O homem que feri, achou que eu era negro, pois chegou a dizer:

"Seu negro sujo, mato-o!"

Sorri, Lourenço fora inteligente, não poderiam acusá-lo e o resgate fora um sucesso.

Lourenço, ferido, carregava as armas, e nos revezamos, descansando, ora cada um de nós é que andava sozinho. As mulheres esforçavam-se, mas tínhamos de arrastá-las. A volta pareceu-me lenta, e a água estava muito fria; quando chegamos, o alívio foi geral. Ajudamos as mulheres a montar nos cavalos e partimos, silenciosos. Nércio que tinha ramos e galhos nas mãos, ficou para trás, a pé, e começou a apagar os rastos com perfeição. Queimava umas folhas, com que, segundo ele, até o cheiro sumia, nem cães nos achariam. Seguimos até a estrada. Tião e Samuel acompanharam Leôncio e sua família até a ruína e nós seguimos para a fazenda.

— Você, Lourenço — disse a ele —, vem comigo! Vamos pedir a Maria para cuidar do seu braço.

Seguimos, eu e ele, para os fundos e espantei-me por encontrá-la acordada, genuflexa, orando.

— Maria, acordada? — indaguei.

— Esta noite, sinhozinho, necessitava de guardar em orações para as trevas não atrapalharem.

Sorri e ela me olhou com alegria.

— Orava por nós, hein, Maria? Que fica oculto a você, negra bondosa?

Sorriu contente, sorria sempre quando José chamava-a assim e ele tinha razão, aquela mulher era muito bondosa.

— Maria, cuide do braço de Lourenço e... não fale a ninguém!

O ferimento fora feito por uma faca, o corte era fundo e grande, Maria começou rápido a colocar suas ervas, despedi-me deles, dei a volta e entrei em casa. Tirei as roupas molhadas colocando-as no cesto para ser lavadas, tomei um conhaque e fui deitar-me. Orei em agradecimento, senti-me feliz, adormeci logo.

No outro dia cedo, Tião veio informar-me:

— Deixei-os bem instalados, sinhô. Pai Tomás esperava-nos com comida quentinha, as crianças e as mulheres comeram com tanta gulodice, estavam com tanta fome, que me penalizei! Trocaram de roupas, e Pai Tomás fez curativos nos ferimentos delas, ele já havia arrumado lugares no chão para eles dormirem. Sabe, sinhô, ele arrumou certo, um para cada um deles, Nércio o havia avisado de que seriam sete e ele arrumou lugar para seis. Deixamos Leôncio bem armado como o sinhô recomendou, e Pai Tomás mandou dizer que lá estarão bem, que ninguém vai procurá-los por ali. Ele orou *fechando* o pedaço, lá só irão pessoas boas.

— Orou fechando o pedaço? Que coisa estranha! Acredita nisso?

— Nunca errou em nada do que diz. Se faz oração curando pessoas, pode fazer também para ninguém ir lá. A oração é a mesma e eu acredito, ninguém se lembrará de ir lá. Também perguntei baixinho a ele se os fantasmas não os incomodariam, e ele me respondeu: "Não, Tião, eles os protegerão, são irmãos de raça".

— Melhor assim. Tião, diga para os homens ficarem atentos, se o grupo de procura passar rumo às ruínas, devo ser avisado imediatamente, que todos fiquem preparados.

— Se eles descobrirem Leôncio, que fará o sinhô?

— Torçamos para ninguém procurá-los lá, mas se acharem...

Se achassem Leôncio, onde estava escondido, com as armas que tinha e bom atirador que era, podia defender-se muito bem. Mas, se o apanhassem, acabariam por saber que fora eu a ajudá-los, estaria complicado com a lei. Deveria evitar que os achassem, confiar na ajuda de Deus e torcer para que não fossem procurá-los lá.

Logo após, Maria veio até a mim e pediu:

— Sinhô Jorge, Pai Tomás chama-me e preciso ir lá, posso?

— Chama-a? Como Maria?

— Pelo pensamento, ele necessita de mim.

— Telepatia! — exclamei.

— Não sei se é isso que o sinhô falou, sinto, ele quer que eu vá lá e agora!

— Pois vá, mandarei selar um cavalo, irá mais rápido.

Maria foi em seguida, levando sua cesta de ervas e apetrechos.

Tudo tranquilo, ninguém subira o rio para procurá-los. À tarde, Maria voltou e veio informar-me.

— Pai Tomás precisou de mim para cuidar da irmãzinha de Leôncio, a Maria, chama-se como eu, Maria. Teve a coitadinha um aborto, passou muito mal, está muito fraca, mas agora não corre perigo, deixei-a bem melhor, graças a Deus.

— Quem é o pai, Maria? Um amor?

— Antes fosse, é um dos jagunços do coronel. Ó gente ruim! Logo todos estarão fortes, Pai Tomás cuida deles com carinho, necessitam de comida. Se os visse, sinhozinho, não duvidaria que agiu certo. É corajoso e bom!

Sorri; da varanda olhei a fazenda, tudo tranquilo e senti-me satisfeito, não pude deixar de me orgulhar da façanha que fizemos. De termos ido a Morro Vermelho e resgatado a família de Leôncio.

Acontecimentos em Morro Vermelho

Glorinha chegou do seu passeio a galope. Nércio segurou seu cavalo, e ela desmontou na frente da varanda, veio rápida até a mim.

— Jorge, necessito falar com você.

Estava nervosa, inquieta, segui-a até seu quarto, entrou e fechou a porta.

— Jorge, nem sabe o que aconteceu! Encontrei com João e soube que muitas coisas se passaram na Morro Vermelho. É melhor sentar. Assaltaram a fazenda do pai de João, colocaram fogo no celeiro, libertaram umas negras do tronco e...

— Calma, Glorinha! Fale devagar — disse tentando ser natural e dando a impressão de desconhecer o assunto.

— Está bem, vou contar do começo. João está muito nervoso e triste, não quer ficar mais por aqui, na fazenda do pai, porque acha que o coronel está maluco, doido de maldades, tem somente dó das irmãs. Hoje veio encontrar comigo arrasado. Contou-me que ontem, lá pela meia-noite, começou um fogo no celeiro, todos na fazenda correram para apagá-lo. Ele, o pai, o irmão, os negros da senzala, os empregados, as famílias destes.

O fogo aumentou rápido, violento e demoraram para apagá-lo, queimou quase tudo, foi grande o prejuízo. Quando venceram o fogo, todos estavam exaustos. João deu graças a Deus por ninguém ter ficado ferido. Disse que o coronel ficou furioso com o prejuízo, e Lucas começou a investigar como começou o fogo, os negros não poderiam ser acusados, pois todos estavam trancados na senzala. Mas nada encontrou nas cinzas. João se espantou quando seu pai disse:

— Levem os negros de volta à senzala, tranque-os, amanhã não trabalharão.

Todos estavam sujos e cansados e seguiram silenciosos para a senzala, três empregados os acompanharam, logo voltou um gritando:

— Coronel, coronel Francisco, as negras sumiram do tronco!

O coronel Francisco deu um grito e correu. João, Lucas e os outros correram atrás.

— As cordas foram cortadas e as negras desapareceram. O coronel correu para a senzala e João disse ter ido atrás, impressionado com o pai. Este pareceu transtornado, tinha os olhos vermelhos e inchados pela fumaça e pelo ódio. Estava descabelado, bufava e xingava os piores nomes, invocando o demônio para ajudar a achá-las, horrorizando a todos com as blasfêmias que dizia. Abriu o portão da senzala e procurou os negrinhos, filhos de uma das escravas que estavam no castigo, e só encontrou o mais velho, que se chamava Jonas.

Glorinha fez uma pausa, engoliu o choro, e eu indaguei aflito:

— Conte logo, Glorinha. Por que disse chamava? Que aconteceu?

— Oh, Jorge! Que sogro fui arrumar, coitado de João, não merece esta peste por pai. Aí o coronel pegou o negrinho pelos cabelos e perguntou furioso:

— Onde estão seus irmãos? Sua mãe? Fale, senão lhe bato.

Deu uma bofetada no rosto do menino que o sangue brotou de seus lábios. Ninguém falava nada, todos estavam apavorados pelo medo. Uma negra, se enchendo de coragem, que ficara na senzala por estar com o pé quebrado e enfaixado, tomou a defesa do menino e disse:

— Ele não sabe de nada, sinhô coronel, foi com os outros apagar o fogo. Eu estava aqui com as crianças pequenas, quando entrou um negro horroroso, armado e levou os meninos.

O coronel olhou a mulher que tremia de medo e perguntou:

— Conhece o negro? Sabe se é o tal que quis comprá-las?

— Não conheço, não vi o tal que quis comprá-las. Logo que saíram daqui, gritamos eu e as crianças avisando, mas ninguém ouviu.

João acha que ela mentiu, disse ter suspirado aliviado, quando ele arrastou o menino para fora da senzala, para o pátio na frente desta; o coronel pegou uma faca, tirou-a da cinta, e enfiou-a no peito do menino que morreu sem nada dizer nem se mexer. Foi tão rápido e ninguém esperava que não deu tempo a ninguém de acudir. Aí, começou a gargalhar, a xingar todos os negros, e, diante dos olhares horrorizados de todos, ele cortou os braços, as pernas, a cabeça do menino, e disse:

— Que fique aqui, sem ninguém enterrá-lo para dar exemplo, é isso que faço de agora em diante com a família dos fugitivos.

Glorinha fez uma pausa e até engasguei com minha saliva enquanto escutava; estava assombrado, ela continuou:

— João disse-me que acompanhou a cena petrificado! Tal como os negros da senzala, só voltou a si quando um empregado o chamou:

— Sinhozinho João vai ficar aí dentro da senzala? Vou fechar o portão.

João saiu, e seu pai pareceu voltar ao normal, indiferente ao que fizera, parecia ter matado uma cobra, um animal nocivo e chamou:

— Vamos à busca deles, não creio que estejam longe, devemos saber que rumo tomaram. Lucas, reparta os homens em três grupos. Comando um e você vai pela estrada até o rio. João, vê se faz alguma coisa, monte, imprestável! (Sempre se refere ao João deste modo.) Chefia o outro grupo, segue pelas montanhas, não creio que tenham ido para lá, mas... Quem achar pistas dê o alarme. Quitério, vá pelos fundos. Quitério! Quitério! Onde está ele?

Ninguém sabia dele. Segundo João, este tal Quitério é outro demônio, o jagunço de que o pai mais gostava, seu homem de confiança e tão mal quanto o coronel.

— Que procurem Quitério!

Os empregados saíram a chamá-lo, alertando sua família, que também saiu a procurá-lo. Encontraram-no morto, perto do celeiro, da parte menos afetada pelo fogo. Morto por facadas. O coronel deu então novo vexame, gritou, xingou, chutou o cadáver.

— Seu imprestável, viu os negros fugirem e nem para dar o alarme! Deixar um negro à toa matá-lo!

A esposa de Quitério chegou chorando, e o malvado gritou para todos ouvirem:

— Seu marido é um imprestável e agora não serve para mais nada. Não os quero mais aqui. Amanhã cedo empresto uma carroça para que o levem daqui para ser enterrado e também para transportar sua mudança. Devem partir amanhã cedo!

— Não faça isso, senhor. Quitério serviu-o a vida toda. Para onde vou? — perguntou desesperada a mulher.

— Serviu com a vida, deixou-se morrer e agora não serve para nada! O problema é seu, se não fosse ele tão palerma isso não aconteceria. Expulso-os! Que saiam das minhas terras amanhã cedo e que levem este imprestável.

João disse que ficou pasmado porque Quitério e o pai eram amigos, tinham o mesmo modo de ser e de pensar.

Separou os grupos de procura, esquecendo-se do morto e gritou para que todos na fazenda o ouvissem:

— Tonho, vá avisar o delegado da fuga e do assassinato de Quitério. Diz que foi um negro sujo, empregado dos Castro com ajuda certamente de alguns escravos de Sant'Ana, que vivem soltos como gente.

— Ah, Jorge, que medo! Foi Leôncio?

— Não, não temos nada com isso. Não deve se preocupar. Sem provas, não podem acusar ninguém.

— Ainda bem! — continuou Glorinha: — Ele gritava: "Quero-os vivos! Que procurem bem, vasculhem tudo, e que achem. Quero-os vivos para matá-los em torturas. Morrerão todos aos poucos, serão queimados com ferro quente, terão as unhas, dentes e cabelos arrancados. Quero cortá-los em pedaços e colocar sal por cima. E na frente destes meus escravos idiotas, quero que todos vejam na fazenda. Quero-os vivos!".

"Os grupos saíram à procura dos fugitivos e logo acharam cercas cortadas perto do rio. Acharam rastos de muitos homens, pelo menos seis e tiveram a certeza de que fugiram pelo rio.

João teve de participar das buscas e o fez com pouca vontade, temendo encontrá-los. O delegado logo cedo chegou à fazenda com seus soldados, e ajuntando-se a Lucas e jagunços desceram o rio avisando a todos da fuga dos negros em todas as vilas que circundam o rio. João acha que, se desceram o rio, serão apanhados.

Logo que o delegado saiu à procura dos escravos, seu pai mandou dois empregados carregarem uma charrete com a mudança da viúva e o cadáver de Quitério; mandou um deles acompanhá-la até a vila, deixá-los por lá e voltar logo com a charrete. A mulher e os filhos, cinco pequenos, choravam desconsolados, ela pediu dinheiro a ele e este se negou dizendo que nada devia ao morto e sim este a ele. Chorando, ela disse que não tinha para onde ir e ele, já sem paciência, respondeu que não era problema dele.

Escondida, a irmã de João, Marcina, deu dinheiro a ela; partiram logo, e na hora do almoço o empregado voltara dizendo que os deixou numa casinha desabitada, na estrada que vai para a vila. E o corpo em pedaços do garoto lá está, na frente da senzala, os negros não trabalharam, ficaram presos. Diante do espetáculo macabro, o coronel disse que só à tardinha mandará enterrar o menino.

João está tão triste, Jorge, ele até chorou ao contar os acontecimentos de seu lar; está exausto, ficou comigo, só o tempo de narrar tudo. Sinto medo, Jorge, muito medo. João quer marcar um encontro com você para provar-lhe que sofre muito com as atitudes do pai e muito se envergonha. Quer, com você, planejar nosso casamento. Ele acha melhor ir na frente, depois você me levará a São Paulo e lá casaremos. Não confia muito no padre da vila, acha que ele pode falar do casamento, ele também teme o pai."

Glorinha começou a chorar. Passei as mãos nos seus cabelos e consolei-a.

— Sogro pior não tem você jeito de arrumar, nunca ouvi nada parecido. João bem que poderia ter sido filho de outro coronel, mas, já que é filho deste, o melhor é se conformar ou arranjar outro. João tem razão em temer o pai, mas não pense que, se ele mandar matar outro de nós, ficarei de braços cruzados. Tudo tenho feito em nossa defesa, porém, se ele nos fizer mal, aí nem sei, Glorinha, ataco a fazenda. Pensamos no melhor e tomaremos todo o cuidado. Acalme-se, senão mamãe acaba percebendo. Por enquanto, é melhor que ignore. Alguém mais sabe do que acaba de contar-me?

— Bárbara e Nércio que estavam conosco. Disse a eles que não precisavam guardar segredo, só que não deveriam contar como souberam.

— Preocupo-me com esses seus encontros, irmãzinha!

— Não vamos nos encontrar durante uma semana, não se preocupe.

— É melhor. Quando se encontrarem, marque para logo nosso encontro, quero mesmo conversar com ele, não quero que corra perigo.

Saí triste do quarto de Glorinha. O resgate não foi tão perfeito como pensava. Tinha morrido um homem e resultou em mais maldades do coronel Francisco, como a expulsão de uma família e a morte de um menino.

O pessoal voltava do trabalho e conversava formando grupos, comentando o ocorrido, muitos se benziam horrorizados, dando graças por não estarem lá.

"Todos saberão em instantes", pensei. "Ah! Manuel tinha razão em dizer que quem cultiva ódio é doente em espírito. Não deveria ter levado Lourenço, fora novamente imprudente. Aproveitou a ocasião para se vingar, deve ter levado mais latas de querosene escondido nas roupas para o fogo ter se alastrado tanto. Foi Quitério quem pegara sua filha para Chico, como também quem o surrara a mando do coronel, quando reclamou. Onde encontraram o morto, deve ter Lourenço descido, voltado ao celeiro para procurá-lo e atacado de surpresa. Quis chamá-lo, repreendê-lo, mandá-lo embora, mas seria outra imprudência, seria o mesmo que alertar a todos da nossa façanha, deixar a todos desconfiados. Que motivo teria para despedi-lo? Era bom empregado, dar desculpas não satisfaria a curiosidade de todos e melhor seria tê-lo agora conosco, na fazenda; poderia dizer besteiras por aí e ser preso e contar ao delegado a verdade. A responsabilidade maior era minha, desobedeceu-me, aproveitou para se vingar, fora eu, porém, a levá-lo."

Estava aborrecido, pensei em Tereza, em Leôncio, nas outras crianças, achei que precisavam saber, chamei Manuel:

— Manuel, sabe o que aconteceu? Estou muito aborrecido, você tinha razão, não deveria ter levado Lourenço, desobedeceu-me e arriscou muito, matou um homem; agora, não falarei nada a ele, os outros podem desconfiar.

— Não fique chateado, sinhozinho. Devemos nos entristecer só pelo garoto. Se não fosse assim, seriam três que morreriam, e foi melhor para ele. Jonas era um anjo e deve agora estar bem mais feliz, agora é livre, lá sim é que era um coitadinho. A mãe vai entender, e o fato de o coronel ter matado o menino violentamente foi melhor para Jonas. Quanto ao outro, foi um alívio, o sinhô não precisa se aborrecer, o homem era mau, peçonhento, jagunço de confiança do coronel. Lourenço teve sorte em matá-lo, deve ter sido pego de surpresa, era o danado bom de briga e tinha boa pontaria, atirava muito bem a distância. Talvez, Lourenço não tivesse agido tão mal quanto lhe parece. Quanto à mulher com os filhos enxotados é maldade desse coronel, e o sinhô não tem nada a ver com isso. É exemplo para os outros empregados, que agora saberão como ficarão suas famílias se vierem a morrer.

— Manuel, peça ao Tião para ir logo à noite às ruínas, dar a triste notícia ao Leôncio e também diga a ele que o coronel pensa que desceram o rio. Peça ao Tião para ter cuidado e que ninguém deve vê-lo!

— Jorge! Jorge! — gritou minha mãe, vindo ao meu encontro. Manuel afastou-se rápido.

— Estou aqui, mamãe.

— Jorge, olhe para mim. Diga-me filho, você tem algo a ver com esse assalto a Morro Vermelho? Tem? Joana disse-me que suas roupas, as que vestia ontem, estavam molhadas e sujas. Foi você, filho? Foi?

— Eu...

Nunca conseguiria mentir para minha mãe. Quando ela me mandava olhar nos seus olhos e dizer a verdade, acabava fazendo-o.

— Ah, filho, eu sabia! Quando Nércio me contou, senti que fora você. Como estou orgulhosa! Só que tremo de medo em pensar o perigo que correu. Arriscou sua vida, filho!

— Não teve perigo mamãe, foi fácil.

— Que bom! Você é inteligente e forte. Estou contente, o coronel Francisco teve seu celeiro queimado e grande foi seu prejuízo. Jorge, mande vigiar bem o nosso, aquele rato pode fazer o mesmo conosco. Gostei de saber que Quitério morreu. Seu pai conhecia-o, via-o sempre, era a sombra do coronel, homem horroroso. Sabe, filho, sempre achei que tivesse sido ele quem matou meu José. Dizem que era excelente atirador, o melhor jagunço do coronel Francisco. Naquela época ninguém viu pessoa desconhecida, ninguém de outro lugar, foi alguém daqui mesmo e deve ter sido ele. O coronel deve tê-lo escolhido para matar José, ele era o melhor de seus homens. E pelo modo certeiro do tiro e do lugar que atiraram, foi uma pessoa que sabia o que fazia. Tem outra coisa, promete não rir de mim, filho, algum tempo atrás, sonhei com seu pai e lhe perguntei: "Quem, Joaquim, atirou em nosso José?" E ele me respondeu: "Quitério, o jagunço do coronel Francisco".

Olhei assustado para mamãe, que enxugava uma lágrima.

— Ele disse isso? No sonho, ele disse que fora Quitério?

— Disse, lembro-me bem, ia perguntar-lhe mais coisas, mas ele foi embora triste. Acho que era porque o danado estava solto. Se foi ele, teve seu castigo e, se não foi, fez muitas e mereceu o que recebeu nesta noite. Jorge, onde escondeu os negros? — indagou baixinho.

— Na Fazenda Assombrada, nas ruínas, mas, por favor, mamãe, não conte a ninguém.

— Que ideia boa! Ninguém vai lá há anos, todos temem aquele lugar assombrado, ninguém pensará que se esconderam lá. É muito inteligente e esperto, meu filho, sinto orgulho de você, é um Castro e Alves!

Pela primeira vez, desde a morte de José, vi minha mãe sorrir como antigamente, ela me deu um estalado beijo no rosto e entrou em casa, deixando-me sozinho novamente na varanda.

Passei a mão no rosto, amava os meus, amava demais minha mãe e, ao vê-la mais animada, senti-me melhor, e ela poderia ter razão. Se o coronel Francisco mandou matar José, só pode ter sido alguém que era bom atirador! Não era difícil para Quitério ter ficado dias esperando uma oportunidade. Deveriam saber que meu irmão sempre ia ver o cafezal por aqueles lados. A oferta que fiz era muito tentadora e ninguém apareceu, dando a entender que fora uma só pessoa mais o mandante. Quitério encaixava-se como o assassino e, com o sonho de mamãe, eu tinha a certeza. Sabia que meu pai estava, na ocasião, vagando por ali e bem podia ter visto o assassinato, sem nada ter conseguido fazer para evitar, e dissera à mamãe, enquanto ela dormia. Chamei Manuel novamente:

— Manuel dobre a guarda, deixa uns três homens vigiando nosso celeiro.

— Sim, sinhô — disse sorrindo e tratou de cumprir as ordens.

No outro dia logo cedo, tomávamos o desjejum, Manuel veio chamar-me:

— Sinhô Jorge, o delegado e seus soldados entraram em Sant'Ana, passaram a porteira.

— Vamos esperá-los.

Levantei, fui até mamãe e disse-lhe baixinho:

— Não demonstre qualquer nervosismo.

— Claro, Jorge, sou uma Castro e Alves, filha do finado coronel Correia, sei comportar-me à altura, só quero saber o que ele quer e quero estar ao seu lado, filho!

Ficamos na varanda, o delegado parou em frente e cumprimentou:

— Bom dia, coronel Castro, bom dia, dona Catarina.

— Bom dia — respondi secamente e tranquilamente, olhando-o com indiferença.

— O senhor soube da fuga dos negros da Morro Vermelho, não soube, coronel? Todas as vilas ribeirinhas foram avisadas. O coronel Francisco prometeu bom prêmio pela captura. Até agora, não sabemos deles. O senhor entende, tenho de cumprir meu dever, são vizinhos, os negros podem ter se escondido por aí e tenho de dar uma busca em suas terras.

Fiquei impassível olhando-o, e o delegado, meio inquieto, fez uma pausa e continuou:

— Embora não tendo provas, suspeitamos de um de seus empregados, um negro chamado Leôncio.

— Ex, ex-empregado, o senhor quer dizer. Despediu-se e foi embora.

— Não sabe para onde?

— Era um empregado, senhor delegado, negro alforriado, quis ir embora, paguei o que lhe devia e não me interessei para onde ia.

— Há dias, ele foi a Morro Vermelho querendo comprar a mãe e as irmãs com muito dinheiro.

— Verdade? Ignorava, afirmo, se tinha dinheiro, era porque é trabalhador. Nada tenho a ver com as atitudes dele, sei o que acontece nas minhas terras, mas meus empregados cuidam cada qual de sua vida.

— Sim, claro. Mas ele deve ter tido ajuda, o senhor sabe, não deve ter feito tudo sozinho.

— Não, não sei. Não soube os detalhes nem me interesso por saber, não é assunto meu. Espero que o senhor não esteja insinuando que o negro Leôncio recebeu ajuda daqui!

Meus homens se ajuntaram, todos bem armados, mais que o dobro dos homens do delegado, e ficaram parados como se esperassem uma ordem minha. O delegado pareceu-me nervoso.

— Não, senhor, nem imaginei.

— Melhor assim. Não me intrometo na vida de ninguém, nem gosto que se intrometam na minha. Sei dos meus homens e aqui ninguém ajudou a ninguém em fuga nenhuma. Faça seu trabalho, delegado, tem minha autorização para procurar pelas minhas terras, como também pode indagar de meus homens, quase todos estão aí.

— Alguém viu os negros que fugiram da Morro Vermelho? Sabem deles?

Ninguém respondeu, somente negaram balançando a cabeça.

— Então, coronel, vou procurá-los, com sua licença.

Afirmei com a cabeça e dei a ordem:

— Manuel, Nércio, acompanhem o delegado — o doutor Tomás nada disse, seu rosto fechou-se de raiva e concluí, calmamente: — Se quiser revistar a casa-grande, pode começar por aqui.

Olhei-o desafiando e sorri, debochando.

— Não é preciso — respondeu secamente.

Quando saíram, chamei Tião.

— Tião, deu a notícia da morte de Jonas à Tereza? Como aceitaram?

— Dei, sim, sinhô. Ninguém chorou, parecia que esperavam algo assim. Tereza disse somente:

— Jonas morreu rápido, não sofreu, meu medo era que o coronel o matasse no tronco. Morto, não sofre mais, entre nós muito sofreu, agora viverá melhor e de onde estiver olhará por nós. Como tenho sofrido, Tião. Ter deixado Jonas lá foi um martírio tão grande como o tronco, é melhor saber que está morto. Obrigada por ter vindo nos dar essa notícia, sinto-me melhor agora. Vamos orar por ele.

— Lembrei-me, sinhozinho, de minha mãe e, vendo os irmãozinhos de Leôncio, lembrei de quando criança e dos meus irmãos. Senti muita pena deles, tomara que tudo se acalme e que possam ir embora. Acha o sinhô que o delegado irá dar buscas na Fazenda Assombrada?

— Creio que não. Pelo que contam, teme ele os fantasmas; peço a Deus que não, enquanto não forem embora não estarei tranquilo. De longe fiquem você e Samuel seguindo os passos deles, quero estar informado de onde irão. Quando acabarem as buscas, ajudarei Leôncio e família a irem para longe, para a corte ou para São Paulo. Farei cartas de alforria a todos. Podemos disfarçá-los e sairão à noite.

— Leôncio queria ficar por aqui.

— Não vai ser possível, o melhor é irem embora.

O dia todo, tive notícias dos passos do delegado e seus soldados. Procuraram em volta do rio, buscaram rastros e, como esperávamos, nada acharam. Passaram pelo cafezal, perguntaram aos escravos, foram até o Barranco das Antas, onde José foi morto, andaram pelos pastos e à tarde voltaram à sede, cansados e suados. Era costume nessas buscas os fazendeiros oferecerem refrescos e alimentos à comitiva. Meu pai, embora não gostasse dessas perseguições, fazia sempre isso, mas eu não fiz. Com a mesma tranquilidade, cheguei à varanda, mamãe acompanhou-me:

— Então, senhor delegado, achou-os?

— Não, nada. Não estiveram por aqui.

— Claro que não. Nada acontece nas minhas terras sem que eu saiba, sem minhas ordens.

— Foi um dia cansativo, o sol está quente...

Nada respondi, fez um intervalo e vendo que não seria convidado, despediu-se:

— Obrigado, coronel Castro, e tenham uma boa-noite.

— Boa noite a vocês também e que achem os negros! Manuel, Nércio, acompanhem-nos até a porteira e deixem-na trancada.

Saiu furioso. Mandar que os acompanhassem até a saída era como se certificar de que realmente saíram da fazenda e mandar trancar a porteira era ter a certeza de que não voltariam.

Mamãe riu:

— Jorge, é isso mesmo! Este delegado sabe agora quem manda aqui e que não temos medo dele.

— Mamãe, ele representa a lei, muito mal, mas representa. Não o tratei mal para mostrar minha autoridade, somente por não gostar dele. Não nos consta que no assassinato do José ele tenha saído para investigar, nem mesmo no local do crime esteve. Ele é daquelas pessoas para quem a lei deve ser cumprida para os pobres. Com os ricos e importantes não gosta de mexer. Não ia, só por cortesia, oferecer um lanche a eles, perseguidores dos pobres coitados escravos, que nem têm como se defender.

— Teve o que mereceu! — disse mamãe toda orgulhosa.

Esperei por Nércio e Manuel, que voltaram rindo:

— Sinhozinho Jorge, o homem nada disse, mas foi embora furioso.

— Olharam tudo por aí?

— Não só olhou como fiscalizou a margem toda do rio, perguntando a todos os que encontrava se não viram os fujões. Eles acham mesmo que desceram o rio. Nem passou a eles ir à Fazenda Assombrada.

No domingo fomos como sempre à missa. O coronel Francisco, todo arrogante, lá estava, parecia estar muito orgulhoso de ter matado o negrinho, orou como sempre. Lucas e João acompanharam-no. Marcina não fora, calculei que deveria estar com sinais da surra que levara do pai e não devia ter querido ir. Após o ato religioso, as rodas se formaram e o assunto era um só, a fuga dos escravos da Morro Vermelho. Perguntaram-me curiosos:

— Como vizinho, o que nos diz, Jorge, da fuga dos negros?

— Somos vizinhos separados, como todos sabem. Nada sei dessa fuga.

— Dizem ter sido um ex-empregado seu.

— Comentam somente, não têm provas. Duvido que tenha sido ele. Despediu-se dias antes e não soube mais dele. O delegado e a comitiva deram buscas por toda a fazenda e nada encontraram.

— Sabemos que nada encontraram.

— Claro, não dou abrigo a negros fujões e, se os tivesse visto, os denunciaria.

— Para mim, desceram o rio. Que acha, Jorge?

— Não sei, meus negros não fogem e não me preocupo com esse assunto.

Evitei falar, respondi a todas as indagações feitas diretamente com tranquilidade. No horário de costume voltamos para a fazenda.

Na carruagem, Glorinha desabafou:

— Que chato, só falaram da fuga dos negros!

Olhei para mamãe e ela me tranquilizou:

— Só ouvi, nada falei.

Mudamos o assunto para o texto lido do Evangelho, da Parábola do Semeador.

— Não vejo o significado dessa história — disse Carlota. — É tão estranha, compara-nos com terrenos.

— Somos como a terra, ela tem de ser boa para plantar, se não for, nada dá. Não sei por que Jesus, era ele o Semeador, não era? Semeou em toda parte — falou Glorinha.

Interferi:

— Jesus é de fato o próprio Semeador, ele ensinou sem distinção, e o Evangelho aí está para todos os tipos de almas, em muitos lugares, acredito que no futuro em toda a Terra. Não é, Carlota, a semente material que foi semeada com os ensinos do Mestre Jesus, e sim a semente espiritual. Os tipos de terrenos são os tipos de pessoas que habitam a Terra e cada um é livre para fazer de sua alma o tipo de terreno que Jesus demonstrou tão sabiamente nessa parábola. Podemos calcular vinte e cinco por cento para cada tipo: não é negado o ensino da palavra Divina a ninguém. Pensamos, com o nosso egoísmo, que as pessoas comparadas com as estradas, os impiedosos, não a merecem. Não é assim, o Pai dá o calor do sol a todos. Somos livres para aceitar, ou não, e para modificar nosso modo de viver, mudar o terreno. Ao querer progredir, ter boa terra, é necessário arrancar as pedras da indiferença, do egoísmo, os espinhos dos vícios, dos nossos defeitos. Limparmos, como se limpa a terra para o plantio. Quero ser bom terreno, almejo ser boa terra e dar frutos. Pergunto sempre a mim mesmo se sou bom terreno. Não é fácil, necessitamos de coragem, esforço, vontade e trabalho. Porque não basta escutar os ensinos evangélicos, como as sementes entre as pedras, é preciso aceitá-los, compreendê-los, amá-los e vivê-los no dia a dia e fazer frutificar com as boas obras. Nem todos dão frutos iguais como Jesus disse, um dará trinta, outro sessenta e outro cem por um, dependendo de nossa boa vontade e esforço.

— Que bonito, Jorge! — exclamou mamãe emocionada. — Onde aprendeu tudo isso?

— Lendo o Evangelho, mamãe.

— Você o leu? Lê? — quis saber, curiosa, Glorinha.

— Sim, li e leio, sempre e gosto muito.

— Gostaria de lê-lo — falou minha irmã caçula.

— Os padres não recomendam, como deveriam, a leitura da Bíblia, do Evangelho; é tão bonito, ensina-nos tanto! Por que não nos reunimos um dia na semana para ler, comentar e orar juntos?

— Boa ideia! — exclamou Glorinha entusiasmada.

— Podemos começar hoje à noite, após o jantar. Domingo é dia consagrado ao Senhor, próprio para orar — opinou mamãe.

— Concordo, pode ser hoje. Não acha, mamãe, que todos os dias são do Senhor e que devemos consagrar todos os minutos de nossa vida a Ele?

— Ficar orando o dia todo, meu filho?

— Não, mamãe, não orando, recitando preces, mas, sim, tendo a consciência tranquila, sendo bons, adorando o Pai por meio do próximo.

— É muito bonito o que diz, Jorge — disse Carlota. — Vendo hoje o coronel Francisco orando na missa, estou pensando: "Que terreno é sua alma?".

— Carlota — disse-lhe —, não devemos nos preocupar qual terreno é o do nosso próximo e, sim, com o que somos e no que devemos melhorar. Julgar o coronel Francisco é ver um cisco nos olhos alheios e não ver uma trave no nosso.

— Agradecemos a Deus por não sermos como ele — replicou minha mãe. — Quando morrer, irá direto ao Inferno!

— Não devemos pensar assim. Deus, como Pai, ama a todos e quer que sejamos bons, porém, deixou-nos livres para sermos, ou não. Agradeçamos, sim, a oportunidade de nos educarmos.

— Não pensa, Jorge, que o coronel Francisco irá para o Inferno? Se ele confessar antes de morrer e for perdoado, não receberá nenhum castigo? Pode ir para o Céu com os justos? — perguntou indignada Laurinda, que, até então, nada dissera, só escutava.

— Acho que para sermos perdoados, Laurinda, necessitamos estar arrependidos com sinceridade e não só pedir perdão da boca para fora. Mesmo arrependidos, acredito que erros, pecados, são dívidas que contraímos e, para nosso próprio bem, devem ser quitadas. Não se plantam espinhos para colher uvas, só com o arrependimento não nos transformamos, mas sim com a reparação, com o trabalho. Podemos ser o terreno com espinhos, porém, se o quisermos e tivermos coragem de arrancá-los, preparar a terra, seremos bons terrenos. O coronel Francisco não planta, ao nosso entender, algo de bom; chegará o tempo da colheita e, queira ou não, terá de colher o que plantou. Devemos preocupar-nos, Laurinda, é conosco, em plantar o bem com amor. Deixemos o coronel Francisco com seus atos, devemos, sim, orar por ele, para que melhore.

— Eu é que não faço isso! — disse Carlota.

— As ações dele ferem a muitos, Carlota. Tantas pessoas sofrem por ele ser mau!

— Será, Jorge, que esses que sofrem na Morro Vermelho colhem a má semente que plantaram?

— Acho que sim, Glorinha.

— Jorge, para modificar-nos não é fácil. Se sou um terreno de espinhos e quiser modificar-me, sofreria em arrancá-los, pois muito trabalho teria para limpá-lo. Sangraria minhas mãos, meus pés — concluiu Glorinha.

— Também penso assim, minha irmã. Não existe transformação se não quisermos, sem sacrifícios e vontade. Despertamos para as verdades ou pelo amor ou pela dor, somos livres.

Naquela noite, começamos a nos reunir, comecei a ler o Evangelho desde o começo. Li um texto, comentamos, depois oramos um Pai-Nosso em agradecimento e fizemos dessas reuniões um hábito familiar, um encontro carinhoso nas noites de domingo.

Encontros

Na quarta-feira fui ao encontro de Marcina, esperei, esperei, e ela não veio. Pensei que talvez estivesse proibida de sair, já que Chico fora morto por fugitivos. Voltei aborrecido.

No domingo, não foi à missa novamente.

Vigiávamos disfarçadamente a estrada desde que recebêramos as armas. No domingo à tarde, Juvenal, um dos guardas, veio me contar que novamente o senhor Amâncio fora à Fazenda Morro Vermelho. Era a segunda vez naquela semana que ia lá, senti muito ciúme. Se ele estava interessado em Marcina, deveria ser por sua causa que ia lá; não eram normais suas visitas e fiquei mais preocupado ainda.

As buscas continuavam; não voltaram mais à Sant'Ana nem foram à Fazenda Assombrada, e a opinião de todos era de que haviam descido o rio, tranquilizando-me sobre esse assunto, mas inquietando-me mais sobre Marcina.

"Será que o coronel quer casá-los?" — indagava-me a todo o instante. "Será que obrigará Marcina a ficar noiva desse homem?"

A noite chegou e nos reunimos para a leitura do Evangelho, li um texto do Sermão da Montanha, de Mateus, "Os Bem-Aventurados". Tranquilizei-me com os maravilhosos ensinos contidos nessa narrativa. Após, sem sono, fui para a varanda; mamãe e as meninas retiraram-se aos seus aposentos.

Olhava a noite distraído, pensando nos ensinos de Jesus.

— Jorge!

Assustei-me. Era Laurinda que, silenciosamente, chegara à varanda.

— Hum!

— Estou sem sono. Posso ficar aqui com você?

Queria mesmo era ficar sozinho, mas não quis ser indelicado com minha cunhada.

— Sim, claro. Está saudosa?

— Sim, lembro-me muito do passado, dos muitos acontecimentos, do nosso compromisso, do tempo que o esperei. Todos achavam que não voltaria solteiro, estaria fora por muito tempo.

Olhei diretamente para Laurinda, ela abaixou a cabeça encabulada. Ainda não sabia o que havia acontecido, pois não me explicaram; com tantos transtornos, não me interessei em saber, depois não queria magoar mamãe com esse assunto. O fato é que me julgava noivo e encontrei minha prometida casada com meu irmão. Naquele momento quis saber, e já que Laurinda tocara no assunto, indaguei curioso:

— Conte-me, Laurinda, o que se passou na minha ausência? Por que não me esperou?

— Dois anos após você ter partido, José começou a cortejar-me. Senti-me repartida, estávamos sempre juntos, em festas, minha família em visita aos seus, e a sua, em minha casa. Conversávamos muito. Era tão jovem quando me prometeram a você, depois, nunca namoramos ou conversamos sobre o assunto. Achava, como todos, que você me esqueceria na França distante. Sem me consultar, mesmo sem eu saber, seu pai conversou com o meu e acertaram nosso casamento, até mesmo a data. Senti-me abalada e assustada, nem sabia o que queria e eles resolveram por mim. Reclamei ao meu pai e levei um tapa no rosto; falou-me exaltado:

— Que é isso? Dá esperanças ao rapaz, está sempre conversando com ele e diz não saber o que quer?! Eu e Joaquim achamos que estavam apaixonados. Com Jorge longe e sabe-se lá quando volta, resolvemos casar você com José. Assim está decidido e assim será.

Fiquei desorientada, quis me comunicar com você e não sabia como, temi até que já estivesse comprometido. Enchi-me de coragem e falei ao José. Ele se entristeceu, confessou amar-me muito, mesmo assim, prometeu ajudar-me. Não sabíamos o que fazer, José sempre obedeceu a seu pai e eu ao meu. Com tudo preparado, casamos!

— Foram felizes? — indaguei sentido.

— José amava-me muito; sabia, porém, que eu pensava muito em você, embora sentisse muito carinho por ele; depois não lhe dei filhos. Já havíamos decidido que, se você ficasse na fazenda, iríamos morar na cidade. A notícia de sua volta deixou-nos inseguros.

Suspirei tristemente. José era para mim especial, nunca vira ninguém mais bondoso, inocente e puro como ele. Amava-o e respeitava-o, embora fosse mais novo que eu, sempre, desde criança, obedecia-o, sentia-o mais maduro, mais responsável. Se tivesse oportunidade, teria dito a ele que não me importava de ele ter casado com Laurinda, que queria mesmo é que fossem muito felizes. Nem tempo para isso tive. E saber que não foi feliz, e a causa fora eu, senti-me abalado, muito triste. Assustei-me novamente quando Laurinda falou:

— Jorge, você não voltou casado, não parece interessado em nenhuma mulher, voltou para casar comigo, não foi? Agora nada nos impede de ficarmos juntos, sua mãe me adora e...

— Quê?!

Fez-se um silêncio desagradável, Laurinda, encabulada mais ainda, torcia as mãos nervosa, e eu não consegui ocultar meu assombro, levei um choque ao escutá-la. Nem prestava atenção em Laurinda, convivia com ela como uma pessoa da família, uma cunhada, nem me passou pela cabeça suas pretensões, nem acabara o período de luto, nem um ano fazia da morte do meu irmão, procurei acalmar-me e fui claro:

— Sinto, Laurinda. Sinto muito José não ter sido feliz e ter sido por minha causa. Você deveria ter pensado nisso antes de aceitar o cortejo dele, de tê-lo feito se apaixonar. Voltei pensando em casar-me com você, sim, mas não me importei em vê-la casada, porque de coração os queria felizes. Entristeço-me com tudo. Não pretendo ligar-me a você; se dei a entender isso, perdoe-me, não foi essa a minha intenção. Quanto a interessar-me por outra, amo alguém, amo muito.

Escutei a respiração forte de Laurinda, ela me indagou:

— Quem, Jorge? Ama a quem?

Olhei-a, vi que tremia, nada respondi, entendeu que deveria ser um amor secreto. Após uma longa pausa, mais controlada Laurinda falou:

— Desculpe-me, Jorge, não deveria ter pensado que você... Estou envergonhada, parto, volto para a casa de meu pai.

— É melhor, Laurinda. Quero-a bem, como uma irmã, uma cunhada.

— Cuidado com esse amor, Jorge, pode levá-lo à morte.

Saiu, deixando-me sozinho. Senti um leve mal-estar. Será que desconfiava? Será que Laurinda percebera algo? Não, deve pensar que um amor escondido seria perigoso.

— Ah, meu Deus! Mais esta! — resmunguei, sentando-me numa cadeira.

Fiquei pensando no que Laurinda me dissera, senti-me inquieto e muito aborrecido. Lembrei-me do rosto de José, morto no meu colo, e lágrimas vieram aos meus olhos.

— José! José! Perdoe-me meu irmão, por nada neste mundo o faria sofrer, nem que sua escolhida fosse a minha Marcina.

Vi uma luz na minha frente, olhei com firmeza e vi José envolto de uma claridade suave e lindíssima. Pareceu-me mais belo, mais alto, olhava-o fascinado e com esforço consegui dizer:

— José! José!

Ele sorriu, alegre, esperei que fosse falar comigo, mas a visão foi se desfazendo, ele desapareceu. Senti que ele me amava e que ninguém tivera culpa, nem Laurinda, que tão jovem ainda fora prometida a alguém que se ausentara, que nem sequer sabia se era querida e fora obrigada a casar desconhecendo seus sentimentos. Nem ele, José, que se apaixonara pela minha prometida, nem eu que ignorava tudo. Senti ânimo, com a certeza de ser ouvido por ele, e disse:

— Obrigado, meu irmão, obrigado. Pelo seu sorriso, é mais feliz que eu!

Sentindo-me bem, fui deitar, orei e dormi logo.

No outro dia, Glorinha que se encontrara com João no domingo à tarde, disse-me que marcara um encontro para nós dois na terça à tarde.

Na hora marcada, fomos. Ela foi comigo. A Fazenda Assombrada era mais uma vez palco de encontros secretos. Embora com muito mato e abandonada, era bonita, tinha recantos encantadores. Encontramo-nos perto de uma nascente, embaixo de umas árvores frondosas. Minha irmã apresentou-nos, e no início ficamos encabulados para, logo após, conversarmos amigavelmente. João era parecido com Marcina, inteligente, simples, educado, agradável e senti que realmente amava minha irmã.

— Jorge — disse-me —, amo Glorinha e desejo casar com ela o mais depressa possível, agradeço seu apoio e não se arrependerá por ter consentido. Volto a trabalhar com meu tio em São Paulo e lá fixarei nossa residência.

— João, é melhor você ir na frente, dou uns dois meses para que organize tudo, depois levo Glorinha até você e deixo-os casados.

— Nem sei como lhe agradecer.

João fora determinado. Se eu não consentisse com o casamento, fugiriam com certeza, porque conhecendo minha irmã, sabia que ela o seguiria para qualquer lugar. Achava-o talvez um tanto fraco, não enfrentando o pai. Mas os filhos naquele tempo obedeciam e respeitavam muito os pais, e estes mandavam até a morte. Como percebesse o que pensava, João disse calmamente:

— Jorge, gosto de terra, de fazenda, aqui, porém, não é meu lugar. Morei muito tempo com meus tios porque nunca aceitei o proceder de meu pai. Vim visitar minhas irmãs, conheci Glorinha e fui ficando. Lastimo as atitudes de meu pai, não tenho como interferir, impedi-lo, só se o matasse. Prefiro ir embora. O que prometo a você é que farei Glorinha feliz!

Combinamos os detalhes. Ele partiria dentro de um mês e aguardaria a mim e a Glorinha. Despedimo-nos. No caminho de volta, fiquei pensando se ele tinha dinheiro para montar a casa e para o sustento deles. Não queria ofendê-lo oferecendo dinheiro. Levaria na viagem, se notasse que necessitavam, fá-lo-ia aceitar. Pensei também em mamãe, dificilmente iria compreender, não era conveniente falar antes, poderia dizer a todos. Teria de contar só nas vésperas de nossa partida.

Na hora do jantar, ao sentarmos à mesa, mamãe queixou-se:

— Jorge, Laurinda quer voltar para a casa de seus pais. Por favor, convença-a a ficar.

— É sério? Laurinda quer voltar a morar com seus pais? — indagou Carlota.

— Sim, quero, é o melhor. Gosto daqui, de todos, porém a casa dos meus pais é que é a minha, lá é o meu lugar, minha mãe está adoentada, necessita de mim.

— Acho que está certa, Laurinda — disse-lhe. — Você é livre, porém, deve cuidar de sua mãe. Aqui sempre será seu lar também, por isso volte quando quiser.

— Jorge, meu filho, não a impedirá? — falou indignada mamãe, que amava muito Laurinda e que também deixava claro que tinha intenções de ver-nos casados.

— Não sejamos egoístas, mamãe. Laurinda deve retornar ao lar paterno e recomeçar sua vida. Quando parte?

— Amanhã, ou depois.

— Mamãe, porque não acompanha Laurinda e passa lá uns dias? Poderiam ir na quinta-feira cedinho, meus homens as acompanharão.

— Venha comigo, dona Catarina, passe uns dias lá conosco, seria tão bom!

— Já que é assim que quer, acompanho-a. Prometa, querida, vir sempre visitar-nos.

Laurinda estava encabulada comigo, evitava olhar-me. Era tão jovem, bonita, tinha o direito de refazer sua vida, casar novamente e, longe, acabaria por esquecer-me. Na nossa casa, seria sempre a viúva do José e não era justo. Com mamãe acompanhando-a, sua partida seria suavizada e minha mãe se distrairia com o passeio.

Esperei ansioso a tarde de quarta e fui, antes do horário, encontrar-me com Marcina. Esperei em vão, já era tarde quando regressei. Sofria, estava inquieto sem saber o que estava acontecendo com ela e o porquê de ela não vir. Após o jantar, retirei-me para meu quarto, alegando estar com dor de cabeça.

Peguei o broche e, sem muito pensar, escrevi um bilhete com poucos dizeres, simples, rogando que viesse ao meu encontro no sábado, no mesmo horário e local. Fui ao quarto de Glorinha e bati, ela logo abriu a porta e fui indagando:

— Glorinha, quando se encontrará novamente com João?

— Amanhã à tarde, por que Jorge?

— Quero que me faça um favor. Dê isso ao João e lhe peça para entregar a Marcina.

Dei-lhe o envelope fechado.

Glorinha observou-o, depois me olhou curiosa:

— Que é isto, Jorge? Que significa este envelope para ser entregue a Marcina?

— Vou lhe contar.

Contei tudo a ela e me senti bem melhor, desabafado, ansiava por confiar em alguém, repartir esses problemas com alguém. Minha irmã abraçou-me.

— Jorge, eu e você... parece brincadeira do Cupido. Tranquilize-se, ela está bem, embora João me dissesse que ela anda muito triste e pensativa.

— Anseio por vê-la, Glorinha. Não sei por que não vem aos encontros. Estará proibida de sair?

— Não seria de estranhar se estivesse presa em casa, porém, João nada me disse. O pai nem presta atenção nelas, João diz sempre que o pai nem as nota. Vai ele levar um bom susto ao saber. Agora entendo por que nos compreendeu.

— Como proibir você, se não mando nem nos meus sentimentos? Não consigo deixar de pensar nela.

— Mamãe pensa em casá-lo com Laurinda. Se não morrer ao saber do meu casamento, morre com o seu.

— Está consolando-me muito! — queixei-me.

— Desculpe-me, Jorge. Já pensou no que fará para casar com ela?

— Não sei. Tenho pensado muito, não cheguei a nenhuma solução ainda.

— Amanhã entrego seu bilhete ao João e lhe explico tudo. Ajudaremos vocês, ele ama muito Marcina, quer muito que ela seja feliz!

No outro dia bem cedo, mamãe e Laurinda já estavam prontas para partir. Tomei a bênção de minha mãe e despedi-me educadamente de Laurinda.

— Laurinda, este é o lar de José, aqui será sempre recebida como uma parenta, nora e cunhada. Dê recomendações nossas aos seus familiares.

Partiram acompanhadas de sete dos meus melhores homens. A fazenda do senhor Amadeu não era longe, lá estariam antes do almoço.

Mamãe desde o desjejum fez recomendações sem parar, a carruagem já andava e ela ainda gritou:

— Cuide bem de tudo, Jorge, no domingo após a missa, voltarei com vocês.

À tarde, Glorinha saiu para encontrar-se com João. Ansioso, esperei-a, e logo que voltou, veio me dizer:

— João assustou-se e ficou muito preocupado com o que pode acontecer a vocês. Prometeu ajudá-los e fazer de tudo para trazê-la ao encontro. Disse para tranquilizá-lo que Marcina não está proibida de sair e está bem de saúde.

Aquietei um pouco. No sábado estava ansioso e esperei aflito pela tarde, bem antes do horário saímos, eu, Tião e Samuel. Sentia que eles não concordavam e que estavam muito atentos, mas nada diziam.

Não esperei muito, Marcina também veio antes da hora, ajudei-a a descer do cavalo e num impulso abracei-a apertado:

— Marcina, que saudade! Por que não veio me ver? Estava aflito e preocupado. Que aconteceu?

Marcina afastou-se, deu uns passos, e voltou correndo para meus braços.

— Oh, Jorge! Não queria mais vê-lo. Decidi acabar com nosso namoro e só consegui aumentar meu amor. Amo-o!

Beijamo-nos. Sentamos na beira do lago.

— Marcina, que aconteceu com você? Por que não queria mais me ver?

— Jorge, nosso amor é proibido. Não sou a esposa que sua família quer para você, e meu pai não irá aceitar nunca. Tenho um medo horrível dele, não hesitará em matar-me. Contudo, não me importo com o que faça comigo, preocupo-me com o que possa ele fazer com você. Nossos encontros são perigosos, e não vejo outra alternativa senão nos separarmos. Pelo seu bem!

— Só estarei bem com você. Separar-nos, nunca!

— Agora João sabe, Jorge, levei um susto quando me contou seu amor por Glorinha e que vão se casar e que você os ajuda. Achei estranho ele ficar na fazenda, mas nem desconfiei que estava amando alguém escondido. Obrigada, Jorge, por ajudá-los, não tê-los impedido, serão felizes, João a ama tanto!

— O amor quando é grande, Marcina, não deve ser impedido. Serão felizes como nós seremos. Ia contar a você sobre eles no último encontro, mas vendo você machucada, esqueci.

— Jorge, acha mesmo que seremos felizes? Não seria melhor terminar tudo e esquecer? Temo que alguém me siga e que meu pai o mate.

— Tião e Samuel são experientes: verão tudo de onde estão e se alguém a seguir, avisarão. Não diga mais em terminar, aborreço-me. Não sei como, mas iremos nos casar.

— Guarde novamente a parte do broche, Jorge. Tinha tomado a decisão de não vê-lo mais. João aconselhou-me a conversar com você e explicar. Senti-me tão triste, tão infeliz nestes dias, mas, vendo-o com tanta certeza, mudo de ideia, virei todas as quartas e, quando der, aos sábados, está bem?

— Sua decisão me faz feliz, Marcina. Mas o que se passa em sua casa? Que fez o senhor Amâncio ao visitá-los por duas vezes? Fiquei tão preocupado!

— Visitou-nos, sim, na primeira vez conversou com meu pai, na segunda propôs casar comigo se levasse dote. Meu pai quase o expulsou da fazenda. Acho que ele não voltará mais — disse rindo.

Era maravilhoso vê-la rir, rimos, fiquei mais tranquilo. Logo Marcina ficou séria novamente.

— Muitas coisas tristes aconteceram, Jorge, é difícil viver na Morro Vermelho vendo tantas maldades de meu pai e de Lucas...

Marcina calou-se, percebi que ela queria perguntar-me alguma coisa e não tinha coragem, incentivei:

— Que quer saber, Marcina?

— Jorge, foi você quem roubou as escravas?

— Não as roubei, libertei-as!

— É corajoso, confio em você.

Despedimo-nos trocando juras de amor, voltei feliz e tranquilo para casa.

No domingo, após a missa, o senhor Amadeu veio trazer-me mamãe.

— Obrigado, Jorge, por cuidar de minha Laurinda.

— Somos amigos, senhor Amadeu, e espero sempre ser, como também Laurinda nossa parenta. Ela é muito jovem para ficar para sempre viúva. E o senhor, como pai sábio e cuidadoso que é, irá deixá-la à vontade para que resolva sua vida, não é?

— Oh, claro! Sim!

O senhor Amadeu encarou-me, notei nele que também fazia gosto que me casasse com ela e deu-me suas explicações:

— Jorge, devo-lhe desculpas por falhar com você. Laurinda era sua prometida e casou com José porque coronel Castro, seu pai, e eu decidimos. Foi ele quem propôs, e eu concordei.

— Não tem do que se desculpar, entendo, isso é coisa do passado.

— Jorge, não pensa em casar? Sua mãe preocupa-se com você.

— Senhor Amadeu, diante de tantos problemas, confesso que não pensei. Há tempo para isso.

— Certamente.

Mamãe voltou conosco, disse que Laurinda fora bem recebida e que ela estava feliz.

Na quarta-feira, Marcina dissera-me que o pai não procurava mais os negros e, se tocava no assunto, era somente para xingá-los. Achavam, ele e Lucas, que desceram o rio e que deveriam estar em algum quilombo no litoral. Fiquei mais tranquilo.

Leôncio e família já não corriam mais perigo e estavam muito bem, recuperavam-se e fortaleciam-se. Mas ainda devíamos ser cautelosos, pois a oferta de recompensa continuava e era tentadora.

Contara também que o pai ia viajar para a vila vizinha, passar o final de semana. Visitaria seu amigo coronel Gervásio; e que no sábado ela viria ao encontro. Disse que três empregados que tinham famílias despediram-se e mudaram, e que o pai não arranjara outros.

No sábado ela veio. Falou-me da diferença que havia entre seus irmãos. Chico e Lucas eram iguais ao pai, ela e João eram diferentes e sofriam muito no lar. Acabei falando dos meus, do meu carinho por todos e por José.

— Marcina, José era tão bom e puro! Não era deste mundo! Amava-o e respeitava-o.

Marcina se entristeceu:

— Diferente de Chico, só meu pai sentiu sua morte. Era meu irmão, mas não consigo sentir sua morte. Foi um alívio para os moradores da Morro Vermelho ele morrer.

— Marcina, sabe se seu pai tem culpa na morte do José? Sabe se foi ele o mandante? Não me esconda, nada farei, não quero vingança. Nada que fizer trará José ao corpo.

— Sinto profundamente, Jorge, foi ele. Escutei por acaso um final de conversa entre ele e Quitério: combinavam o local e o preço. Não deu para saber o que iriam fazer, mas, depois do assassinato, entendi o que combinavam. Perdoe-me, Jorge!

Abracei-a. Senti o muito que nos separava e o tanto que era forte nosso amor para estarmos juntos. Lembrei-me de mamãe, tinha razão, papai lhe dissera. Fora Quitério. Não queria pensar nisso, no fundo, preferia que não fosse o mandante, agora, tinha a certeza e não queria nutrir raiva nem rancores, seria melhor esquecer esse fato.

Despedimo-nos já com saudade. O tempo que passava com Marcina parecia minutos e ansiava por eles.

No domingo nos vimos na missa, evitávamos nos olhar, não queríamos que ninguém desconfiasse. Evitava também olhar para as mocinhas que, achando-me bom partido, procuravam acercar-se e conversar comigo. Temendo aborrecer Marcina, fugia delas, ia logo conversar com os senhores da vila. E esses, também, cismavam em casar-me.

— Temos lindas moças na vila, não acha, Jorge?

— Pensa em casar, Jorge? Todo homem deve se casar, constituir família.

Respondia educadamente que era cedo, que me cabia cuidar das irmãs, e mudava de assunto.

Recusávamos ir a festas, devido ao nosso luto, e eu não queria permanecer na casa da vila, preferindo ficar e cuidar da fazenda. Não fazíamos visitas; se mamãe e as meninas fossem, mandava meus homens acompanhá-las e não ia. Recebíamos muitas visitas na fazenda, era gentil, educado e se havia alguma mocinha, tomava todo o cuidado para não lhe dar esperanças e, às vezes, desculpando, a pretexto de dar ordens, ia ver um trabalho, saía e só voltava quando as visitas tinham ido embora.

Tendo a certeza de que as buscas pararam, achei que era tempo de ajudar Leôncio e os seus a partir. Naquele domingo, à tardinha, já escurecendo, fui vê-los. Receberam-me contentes e muito me agradeceram.

— Leôncio — disse-lhe —, é tempo de deixarem este lugar. Graças a Deus, não vieram procurá-los aqui. Ajudo vocês a partir, farei cartas de alforria a todos e, se se disfarçarem, irão para longe; darei a vocês dinheiro para a viagem e cavalos.

— Não queria ir embora, sinhô Jorge — disse Leôncio.

— Não devem ficar, não podem ficar a vida toda aqui, escondidos. Morro Vermelho é muito perto, acabarão sendo descobertos.

— Sinhô Jorge — disse Tereza —, Pai Tomás disse-nos para que esperássemos mais um pouco. Disse-nos que muitas coisas vão mudar. Se o sinhô permitir, deixar-nos ficar aqui um pouco mais, esperaremos uns dias, depois iremos.

— Por mim, teria vocês sempre aqui. Já tivemos ajuda do Alto libertando vocês e por ninguém procurá-los aqui. Não seria abusar em ficar? Pode alguém vê-los... Se Pai Tomás disse para esperar, está bem, mas devem ser cuidadosos, o perigo não passou!

Quando íamos voltando, disse a Tião, que me acompanhava:

— Não entendo Leôncio, por que não quer ir embora?

— É por causa de Jurema.

— Quê?!

— A filha do Rosmão, meu irmão. Estão se gostando, ela vem vê-lo todas as noites.

— E eu que pensei que estavam escondidos! Rosmão sabe? Está de acordo?

— Sabe, ele gosta muito de Leôncio.

— Bem, se é por isso, diga a eles que a alforrio também, que se casem e partam.

— Rosmão tinha a certeza de que o sinhô não faria conta de a filha ir embora. Ele teme a vida que, lá fora, sua menina poderá ter. A vida do negro alforriado não é fácil, nem simples. Sabemos de muitos acontecimentos tristes com negros alforriados. Quando será, sinhozinho, que o negro será gente nesta terra? Será que só a liberdade basta?

— Não sei, Tião, não sei responder-lhe. Que sejam vocês a decidirem, espero mais umas duas semanas, depois Leôncio e os seus terão de ir. A Fazenda Assombrada assusta a muitos, Tião! Só não assusta os apaixonados...

Rimos.

No outro dia, segunda-feira, tudo transcorreu calmo. Já tínhamos nos retirado para dormir, eram mais de onze horas, quando me chamaram; um dos guardas batia na porta do meu quarto:

— Sinhô Jorge, o sinhozinho João, da Morro Vermelho está na porteira da fazenda. Quer falar com o sinhô.

— João a esta hora? Está sozinho?

— Sim, sinhô, e diz ser urgente!

— Deixa-o entrar e traga-o para a sala de visitas.

— Sinhozinho Jorge, o sinhô entendeu? É o sinhô João, filho do coronel Francisco.

— Entendi, deixe-o entrar.

Troquei rápido de roupa. Ao sair do quarto, mamãe e minhas irmãs estavam no corredor, assustadas:

— Que aconteceu, Jorge?

— Temos visitas, vou à sala.

Fui e as três acompanharam-me. Na sala já estavam Manuel e a esposa, Bárbara, Joana e Nércio. Quando ia explicar o que estava acontecendo, João entrou acompanhado de três dos meus homens. Fiz sinal para que saíssem. Ao ver João, Glorinha correu ao seu encontro abraçando-o. Somente eu, Nércio e Bárbara não nos assustamos, mamãe até gaguejou:

— Que é isso?! Você não é o João, filho do coronel Francisco? Por que está em nossa casa? Jorge, expulse-o daqui. Glorinha que é isso?!

— Mamãe, amo João e vou casar-me com ele!

Mamãe caiu desmaiada.

Peguei-a e levei-a ao quarto, enquanto pedia para Manuel chamar Maria e Carlota com as mulheres para que ficassem com ela. Voltei à sala, e João explicou:

— Jorge, devo partir agora, antecipo-me. Nosso plano é o mesmo, mando notícias e, por favor dê as minhas à Marcina.

— Que aconteceu, João?

— Assustei dona Catarina, como ela está? Sinto muito.

— Ela está bem.

— Não podia ir sem me despedir. Resolvi ir hoje porque meu pai resolveu casar-me. Chegou hoje de viagem com tudo combinado: deveria ficar noivo de Marta, a filha do coronel Gervásio, dentro de quinze dias e casar em três meses. Minha estadia na casa de meu pai é impossível, e nunca me casarei sem vontade. Achei melhor ir-me logo, volto à casa dos meus tios. Lá não irá procurar-me, penso que não irá atrás de mim. É inimigo de morte de meu tio, irmão de minha mãe.

— Está fugindo, João? Sai às escondidas?!

— Sim, Jorge, saí escondido, é melhor. Meu pai tentaria impedir-me, já que deu sua palavra de que me casaria com a filha do seu amigo.

— Necessita de dinheiro? Por favor, seria um empréstimo.

— Obrigado, Jorge, tenho o suficiente.

— Deixo-os a sós, por instantes, para se despedirem.

Voltei ao quarto de mamãe, escutei-a chorando, bati e Carlota veio abrir; mamãe lá de dentro, disse:

— Não quero ver nem Jorge nem Glorinha.

— Mamãe!

— Você expulsou este atrevido de casa?

— Não, eu...

— Então saia, não entre no meu quarto!

— Mamãe, posso explicar, João não é como o pai, é bom...

— Bom? Nunca! Admira-me você, um Castro, defendendo um filho de assassino. Aja como homem, mande surrá-lo e expulse-o daqui!

— Não. Eu não posso fazer isso. Glorinha e ele se amam de verdade.

— E consente? Está louco! Demente! A França o enlouqueceu? Não quero vê-lo aqui. Minha filha é só Carlota, e que a Glória fique presa no quarto. É isso que dá ter permitido que andasse por aí e com uma garrucha na cintura!

Ficara parado na porta, vendo que seria impossível um diálogo, voltei à sala. Despedi-me de João, e ele partiu. Glorinha ficou chorando.

— Jorge, será que mamãe entenderá?

— Vamos deixar passar uns dias para que se acalme. Procure ficar no quarto, ela quer assim.

Mamãe não saiu do quarto no outro dia, Carlota nos disse que ela chorava muito e queixava-se de dor de cabeça.

Na quarta pela manhã, fui vê-la. Bati de leve na porta, ao escutar "Entre!", entrei devagar. Ao ver-me, virou o rosto. Sentei na cama e, com muito carinho, expliquei o que acontecera. Vi o quanto estava sentida por esconder o fato dela, mas estava mais calma, nada falava, só me escutava. Ajoelhei-me, beijei sua mão.

— Perdão, mamãe, desculpe-nos!

— Acho, Jorge, que não o preparamos para que fosse um chefe de família! Foi tolerante, meu filho, agiu errado! Não tinha que compreender sua irmã. Perdoo você.

— Mamãe, compreenda-nos.

— Não, e nem os abençoo! Volte atrás e impeça esse casamento, agiu errado, acabará chorando no caixão de sua irmã. Este João quer matá-la!

— Não, mamãe, eles se amam, se quisesse matá-la, já o teria feito.

— Amar um assassino do próprio irmão! Não perdoo sua irmã!

— Mamãe, por favor.

Deixou que eu a abraçasse e beijasse. Conhecendo minha mãe, tinha certeza de que mudaria de opinião e não guardaria mágoas por muito tempo da filha caçula.

A revolta

Na quarta-feira, fui ao encontro de Marcina; ela já estava à minha espera.

— Jorge, estou tão triste com a partida de João! A casa para mim ficou vazia, sentimos muito, Tamira e eu, a falta dele.

— Que aconteceu, realmente, Marcina?

— Papai voltou da viagem muito satisfeito, com jeito de ter resolvido um problema. Achou um modo de João ficar aqui, resolveu casá-lo, pois nunca quis João com meus tios a quem odeia. O coronel Gervásio e ele são amigos há tempos. Resolveram casar João com Marta, uma menina de quatorze anos! Chegou em casa, contente, chamou João e Lucas e contou a novidade: "João, arrumei um ótimo casamento para você, filho! Linda moça, prendada, bom dote, ficará noivo daqui a quinze dias e casará dentro de três meses".

"João rebelou-se, disse que não queria casar, porque era cedo e nem conhecia a moça. Meu pai garantiu que era linda e que poderiam até morar na vila. João insistiu que não se casaria, meu pai se exaltou, aí meu irmão calou-se. Papai achou que vencera e que tudo estava acertado. À noite, João veio ao meu quarto e despediu-se, partiu, deixando uma carta a meu pai. Não dormi, Jorge, temendo por meu irmão. Pela manhã, meu pai, após o desjejum, foi ao seu escritório e viu a carta. Deu um grito, corremos todos, Lucas indagou aflito, já com a garrucha em punho:

'Que houve meu pai?'

'O João, aquele palerma, foi embora, despediu-se por carta, escrevendo que não se casa obrigado! Ingrato! Está deserdado, não receberá um tostão de herança. Não vou atrás dele, Lucas, que sofra o infeliz, tenho vontade de matá-lo. Que faço agora, Lucas? Dei minha palavra ao Gervásio!'

'Calma, meu pai. Não sei a quem João puxou, fazer isso com o senhor, tão bom pai!'

'Puxou sua mãe, com quem mais esse palerma haveria de parecer? Como ficou mais tempo aqui, pensei em casá-lo para que não voltasse a morar com meu horrível cunhado. Casando-o com Marta, ficaria por aqui, e com o dote que receberia, poderia viver na vila e abrir um comércio. Tudo faço por ele, e o ingrato foge como um negro. Está deserdado!'

'Não se aborreça tanto meu pai, acharemos uma saída.'

'João é como se não fosse meu filho, ele que vá para o Inferno, preocupo-me é com Gervásio, amigo de tanto tempo. Que direi a ele?'

'Papai, o senhor disse que seria com João o casamento? Podemos dar uma desculpa ao coronel Gervásio e acertar o matrimônio de Marta comigo.'

'Lucas! Que filho maravilhoso é você! Não pensei em arranjar um casamento para você, confio que saberá se dar bem. Conte o que pensa.'

'Podemos dizer ao coronel Gervásio que João acha-se adoentado, começando a apresentar problema como o de Tamira, e que o mandou para um tratamento em São Paulo em casa de parentes. Que o senhor o estima tanto que não quer ver Marta casada com um doente e prefere marcar esta amizade com a união do filho perfeito, mais inteligente, que sou eu. Nada impede, pois sou solteiro, livre de compromisso, jovem. Tudo faço pelo senhor, meu pai, caso-me e de boa vontade, se o senhor assim o quiser. Mas será que o coronel Gervásio concordará e ficará satisfeito?'

'Tem razão, você achou uma boa desculpa, ele não iria querer um doente para genro, e com a troca só ganhará.'

'Na sexta-feira, véspera do dia marcado para o noivado, iremos e levarei de presente para Marta o anel de esmeraldas e brilhantes que era de mamãe. Ela ficará deslumbrada! Agradarei a moça e ficará ela apaixonada em três dias.'"

— Aí interferi, Jorge. O anel de esmeralda fora de minha mãe, presente do meu avô a ela, deu-me antes de morrer, guardo-o com todo o carinho, é uma joia lindíssima.

'Mas o anel é meu, mamãe me deu, me é uma lembrança querida.'

'Cale-se Marcina' — disse Lucas. 'Para que uma solteirona como você quer uma joia como aquela? No dedo de minha esposa ficará na família!'

'Dê o anel ao Lucas, Marcina, ele tem razão' — disse meu pai. — 'E na festa do noivado você irá também.'

'E Tamira, com quem ficará?' — indaguei.

'Ficará bem com a ama. Já decidi, você vai e trate de ser agradável a todos.'"

— Meu pai acalmou-se, e Lucas ficou feliz. Sente-se dono de tudo, com João deserdado, Tamira doente, eu solteira, tudo irá para suas mãos. Ambicioso como é, sente-se feliz.

— Não se entristeça, Marcina — disse-lhe. — João não teve escolha, ia mesmo partir, só antecipou.

— Devo viajar com eles, Jorge, vamos na quinta-feira que vem.

— Já sinto saudade, espero que ninguém lhe faça a corte.

— Não se preocupe, para todos sou uma solteirona, quase viúva, que não pensa em casar e não deixarei ninguém me cortejar, só pensarei em você. Voltarei no sábado, não o verei na quarta que vem, pois devo preparar-me para a viagem.

No sábado encontramo-nos, ficaríamos mais de dez dias sem nos ver, despedimo-nos saudosos.

Em nossa fazenda, tudo estava calmo, tranquilo, mas, na Morro Vermelho, o coronel Francisco partiu com Lucas, Marcina e cinco jagunços. Na fazenda ficaram dois jagunços, os mais velhos, e quatro empregados para tomarem conta de muitos negros revoltados e famintos. Tamira ficou com a ama.

Os escravos, vendo-se guardados por tão poucos homens e sabendo que os empregados não estavam satisfeitos na fazenda, pois faziam o serviço com pouco caso e descuidados, planejaram naquela mesma noite uma revolta para o outro dia. Todos concordaram, seria matar ou morrer.

Na sexta-feira, após o almoço, um grupo de escravos foi levado ao cafezal, separados em dois grupos, dois vigias para cada grupo, distanciando-se um do outro alguns metros para vigiarem a todos os negros.

Um negro chamou calmamente um dos vigias:

— Seu Antônio! Seu Antônio! Uma cobra, parece ser venenosa, olhe aqui!

— Onde? — o vigia desceu do cavalo com a arma na mão. — Que procurem...

Foi acertado na cabeça por uma pedra e desmaiou, os dois negros amarraram-no, pegaram as chaves dele e foram se soltando. Um escravo pegou as armas dele e as escondeu. Um outro negro chamou o outro vigia ao mesmo local e com a mesma desculpa:

— Seu Benedito! Seu Benedito! Uma cobra ali, parece cascavel!

— Onde? Seu negro sujo, por que não a mata? Não vejo nada, onde você a viu?

Foi acertado com uma pedra na cabeça e dois negros livres das correntes pularam sobre ele, desarmando-o e amarrando-o. O grupo estava livre; foram cautelosos até os outros, atacando os dois vigias de surpresa e dominando-os.

Livres, e com os quatro vigias dominados, vieram para a sede da fazenda. Surpreenderam os dois vigias facilmente: um estava na casa-grande, outro no curral.

Prenderam-nos numa cela, no porão da casa-grande. Um dos empregados, muito ferido na cabeça, morreu e foi enterrado no cemitério dos negros na fazenda. Somente duas famílias dos empregados moravam na fazenda. Os negros deixaram-nos em suas casas e vigiados.

Alegrando-se com a vitória, elegeram Tobias, um negro forte, de meia-idade, bom, sempre pacificador, para líder. Ele falou:

— Meus irmãos, Deus é testemunha de que aqui só temos sofrido. Conseguimos nos libertar, mas não somos livres. Ir embora? Não conseguiremos fugir todos, há velhos, crianças e nós somos desnutridos. Não iríamos longe e nos trariam de volta. Devemos ficar e negociar com o coronel; que os empregados fiquem presos, e a menina doente como nossa refém. Quando o coronel voltar, negociaremos com ele.

— É ingênuo, Tobias — falou Genésio, outro negro mais exaltado. — O coronel não é homem de negociar com negros. Depois negociar o quê? Ele nos matará, isso sim!

— Irmãos — continuou Tobias —, todos concordaram com a revolta, que foi um sucesso até agora. Não somos assassinos, se um deles morreu, foi acidente, por isso devemos respeitar os empregados presos e as famílias.

— Não respeitam as nossas! Vamos matar a todos!

— Não! Para os revoltosos a lei é uma, para os assassinos é outra. Matando, só vamos piorar nossa situação. Se não dá para sairmos todos daqui, ficaremos e tentaremos negociar; ou viveremos melhor ou morreremos todos e juntos.

Houve votação, e a maioria apoiou Tobias. Entraram nas despensas, comeram e beberam, repartiram as armas que encontraram. Nada fizeram com Tamira, que se sentiu feliz com tanto movimento. Um deles propôs ir à Sant'Ana e pedir ajuda. A maioria não concordou e lá ficaram em festa à espera de coronel Francisco, para exigir dele melhor condição de vida. Se não fossem ouvidos, estariam dispostos a matar e a morrer. Alguns deles, com medo, fugiram à noite, desertando os companheiros.

Coronel Francisco, ignorando o que se passava em sua fazenda, estava contente, acertara com seu amigo coronel Gervásio o compromisso de Lucas e Marta. O noivado da noite de sábado foi deslumbrante, com danças e com pessoas importantes. Lucas tudo fez para ser agradável à menina Marta, que estava muito assustada, mas mostrou-se encantada com a joia que ganhara. Marcina participou socialmente, sendo agradável a todos como recomendara o pai. Após o almoço de domingo, o coronel Francisco resolveu com o coronel Gervásio todos os detalhes do casamento e anunciou que partiria no outro dia cedo.

Na Morro Vermelho, os negros, desde domingo à noite, passaram a esperar o coronel. Um dos jagunços presos conseguiu fugir, e os outros, com medo, ficaram quietos esperando pelos acontecimentos. O que fugiu foi para a ponte, na estrada, e ficou escondido à espera do patrão.

Já era tardinha na segunda-feira, quando a carruagem do coronel Francisco passou por ali. O jagunço saiu do esconderijo e parou-os na estrada.

— Mané? Que houve com você? — indagou curioso um dos homens que acompanhavam o coronel.

O coronel e Lucas abriram a porta para ver o que ocorria e Mané explicou aflito:

— Coronel, não sabe a desgraça que aconteceu na Morro Vermelho durante sua ausência! Os negros revoltaram-se e nos pegaram de surpresa, prendendo-nos. Eu fugi e vim avisar o sinhô.

O coronel Francisco exaltou-se de ódio:

— Não posso confiar em ninguém? Como deixaram alguns escravos dominá-los assim? Bando de imprestáveis, Mané, você é um palerma!

Num impulso rápido, tirou sua arma da cintura e atirou em Mané, que, abobalhado, caiu.

— Sinhô coronel... — todos ficaram espantados olhando a cena como se não acreditassem no que viam.

— Por que me olham? Para todos, digam que foram os negros que o mataram. Seguiremos em frente! Vamos para a fazenda, entraremos lá, como se desconhecêssemos a revolta, e os mataremos, vamos matar os líderes e acabar com a festa deles.

— Papai — ousou falar Marcina —, e Tamira? Podem matá-la!

— Se o fizerem farão um favor a mim. E será mais uma mártir, e eles mais criminosos, dignos de castigos.

— Meu pai — aventurou Lucas —, não é melhor voltar e pedir ajuda ao delegado?

— Está com medo, filho? Só palermas têm medo de negro, que nem gente é. Vamos surpreendê-los e matá-los, e os que ficarem vivos terão seus castigos. Vou arrancar a orelha direita de todos para não se esquecerem nunca mais de quem manda na Morro Vermelho. Verifiquem suas armas — disse o coronel aos seus homens —, entraremos no pátio e, logo que eu der a ordem, atirem para matar. Com seis a sete mortos, os outros se renderão. Vamos, toquemos para a frente!

Esconderam o corpo de Mané no mato à margem da estrada e puseram-se a caminho. O coronel Francisco estava excitado, não via a hora de matar e castigar os negros revoltosos. Lucas e Marcina se olharam, pois eram semelhantes um ao outro naquele momento, ambos temeram o pai, não ousaram falar mais nada. Marcina pôs-se a orar, temia o que poderia acontecer à irmãzinha doente e aos negros revoltosos. Eram sete homens bem armados e que sabiam atirar, com ordens para matar, contra os negros indefesos, porém decididos.

Entraram na fazenda, Marcina não conseguia nem se mexer, estava aflita e angustiada. Pararam no pátio, Tobias saindo da varanda da casa-grande, alguns metros da carruagem, falou alto:

— Coronel Francisco, nós nos rebelamos. Aqui estamos soltos e queremos negociar com o sinhô. Não fizemos nada à sua filha Tamira, nem queremos fazer mal ao sinhô.

— Que querem, negros sujos? — disse o coronel dentro da carruagem com a arma na mão, com sorriso cínico.

— Melhores condições de vida para nós. Que se acabem os castigos, que trabalhemos menos e que sejamos mais bem alimentados.

— Só isso? Nunca!

O rosto do coronel Francisco transformou-se com o ódio que sentia. Abriu a porta na hora em que gritou "Nunca!", deu um pulo e atirou à queima-roupa no peito de Tobias, gritando como um louco:

— Matem! Matem estes sujos!

Os negros não estavam tão indefesos como pensavam. Apoderaram-se das armas, embora não sabendo atirar. Desconfiando não serem aceitas suas propostas, não temendo matar nem morrer, se organizaram com cuidado. Esconderam-se pelo pátio, cercando-o. Ao verem Tobias cair, atacaram todos juntos, armados além das garruchas roubadas, com facas, pedras e paus.

Marcina, horrorizada, olhava tudo da porta aberta da carruagem. Viu os empregados confusos e atirando sem parar. Pessoas caindo feridas. Um negro atingiu o pai pelas costas com uma faca e outro atingiu Lucas na cabeça com um pedra enorme. A luta durou minutos, quando pararam os tiros. Marcina, como impulsionada por uma poderosa força, saiu da carruagem e gritou:

— Parem! Parem, pelo amor de Deus!

Os escravos venceram. Muitos corpos estavam caídos pelo pátio. Marcina olhou penalizada, apavorada, sua vontade era correr, fugir dali, estar longe daquela cena horrível. Com seu grito, atenderam-na e pararam, como necessitados de comando. Resolveu Marcina vencer o medo e enfrentar a situação e continuou a gritar:

— Chega de mortes! Chega! Levem os feridos para dentro da casa e os mortos deixem na varanda. Os que sabem lidar com ferimentos que venham ajudar a cuidar deles! Tião! Tião! — chamou pelos escravos da casa. — Corra a cavalo até Sant'Ana, chame o coronel Castro e lhe peça ajuda. Dê este broche a ele, conte o que houve aqui e peça para ele vir ajudar-me. Atílio, vá à vila e traga o doutor, diga que necessitamos dele, mas não fale o que houve aqui!

Obedeceram-na, começaram a carregar os feridos para a casa, os mortos para a varanda, silenciosos, também eles estavam assustados. Tiraram as armas dos brancos, acercaram-se da casa-grande, esperaram, nem bem sabiam o que esperavam, confiaram na sinhá Marcina, que sempre tão boa era para eles, resolveram fazer o que ela ordenava.

Anoitecia. Eu estava na varanda olhando encantado o pôr do sol, o céu tingia-se de vermelho. Tudo estava calmo, ouvia os pássaros aconchegando-se nas árvores. Fui despertado por um galope de cavalo. Levantei, meus homens alertaram-me e puseram-se em guarda com as armas nas mãos. Foi Nércio quem gritou reconhecendo seu amigo da Morro Vermelho:

— Sinhozinho Jorge, é Tião, escravo da Morro Vermelho, parece aflito. Tião! Tião! — gritou. — Que aconteceu?

O negro não conseguia nem falar, acercamo-nos e olhava-me assustado:

— Sinhozinho...

Deu-me a parte do broche de Marcina. Fiquei também aflito.

— Fale, que houve, homem de Deus! Fale!

— Uma desgraça na Morro Vermelho.

— Que houve com Marcina? — indaguei preocupado, esquecendo o tratamento usado. — Que houve?

— Sinhazinha Marcina está bem. Ela é quem pede socorro. Deu-me isso para entregar ao sinhô e roga para que vá lá sem demora. Houve uma revolta, os negros aproveitaram a ausência do coronel e do sinhô Lucas para se rebelarem e conseguiram se soltar, prenderam os brancos, os empregados e esperaram o coronel Francisco voltar. Houve luta, morreram muitos. O coronel está muito ferido, e o sinhô Lucas está morto. Pelo amor de Deus, sinhô Castro, vá lá ajudar minha menina Marcina! Se houver mais lutas, todos morrerão!

Com o alvoroço da chegada do escravo do coronel Francisco, era grande o número de empregados e escravos que, curiosos, rodeavam-nos. Mamãe e minhas irmãs também vieram ver o que se passava. Fiquei indeciso por instantes, e mamãe interferiu:

— Não vá, Jorge! Pode ser uma armadilha e, se não for, que nos interessa o que se passa lá? Que se matem!

— Nércio — disse —, é este o seu amigo? Pode confiar nele?

— Tião, por Deus, é verdade o que nos conta? — indagou Nércio ao negro da fazenda vizinha. — Sabe o tanto que sinhozinho Jorge é bom. Não é armadilha, uma emboscada?

— Falo a verdade, juro por minha mãe!

— É verdade, sinhozinho Jorge — disse-me Nércio —, conheço Tião, ele não ia mentir.

Olhei o broche que apertava na mão. Marcina não ia trair-me, necessitava realmente de mim. Dei a ordem.

— Doze homens vêm comigo, os outros fiquem de guarda e estejam atentos. Peça a Maria que vá logo atrás com outras mulheres para ajudar a cuidar dos feridos. Meu cavalo, rápido!

Mamãe ficou furiosa, ia dizer alguma coisa, não esperei, saí rápido, entrei em casa, armei-me melhor. Ao sair, todos estavam prontos e partimos em disparada. Todos pela estrada, passando pela ponte, a galope, chegamos em vinte minutos. Da entrada, de uma inclinação mais alta, avistava-se a sede. Entendi que Tião, o escravo da Morro Vermelho, não mentira. Os escravos estavam unidos no pátio, aproximamo-nos devagar, vi que estavam armados. A observação era mútua e gritei:

— Sou coronel Castro, Jorge, a pedido da sinhá Marcina venho ajudar! Venho em paz!

Silêncio. Após quase um minuto, um deles respondeu:

— Se vem em paz, pode se aproximar.

Aproximamo-nos, o pátio estava sujo de sangue. Os negros observaram-nos os movimentos. Desci do cavalo, metade dos meus homens desceu, outros ficaram montados. Segui para a casa-grande. A varanda que contornava a frente da casa, cercada por uma mureta, estava clareada por lamparinas. Cheguei à varanda, após subir seis degraus e passar pelo portão aberto.

Olhei a varanda cercada de vasos e flores, ensanguentada, com os mortos deitados no chão em fila. Vi Lucas, estava com a cabeça aberta na lateral esquerda, todo ensanguentado.

Entrei, na sala estavam os feridos, por todo lado, gemendo dolorosamente. Procurei por Marcina e vi-a ajoelhada cuidando de um homem. Ao ver-me, correu para mim:

— Jorge, graças a Deus! Que horror! Que desgraça! Ajude-me! Não sei o que faço! Lucas morreu e acho que meu pai está morrendo!

— Acalme-se. Vim para ajudá-la. Vamos cuidar primeiramente dos feridos.

Falei a umas escravas que pareciam desorientadas, sem saber o que fazer:

— Vocês, abram as janelas, fervam água, peguem lençóis.

Rápidas, foram cumprir minhas ordens, Marcina voltou a cuidar dos feridos. Retornei à varanda e examinei todos, certificando-me se estavam realmente mortos. Senti um arrepio diante da cena macabra que via, e orei. Todos estavam mortos: quatro homens do coronel, Lucas, oito negros, entre eles dois garotos, mocinhos de seus quinze anos!

Meus homens ajudavam, e Maria com seis mulheres chegaram e foram cuidar dos feridos. Os negros do pátio, silenciosos, observavam-nos, parecia que nem se mexiam.

Chamei Tião, Samuel e Rosmão:

— Voltem a Sant'Ana, e rápido. Você, Rosmão, vá tranquilizar sinhá Catarina e dê notícia dos acontecimentos a todos na fazenda. Tião, Samuel, preciso de um favor de vocês, devemos buscar João em São Paulo, irão? Querem ir? — com a afirmativa deles, continuei: — Peça a Glorinha o endereço de João, como também dinheiro para a viagem. Arrumem-se rápido e partam, contem a ele de preferência. Esperem, ele pode não acreditar. Marcina — chamei-a, ela veio rápida até nós —, vou mandar buscar João. Ele sabe que você é alfabetizada? Sabe? Então escreva rápido um bilhete a ele pedindo que venha, que volte rápido!

Marcina saiu da sala e voltou em instantes com um envelope e entregou-o a Samuel, este pegou e partiram a galope.

Da varanda falei aos negros:

— Acalmem-se, não se rebelem mais. Veem quantos mortos? Violência não resolve nada. Aqui vim como amigo de João e de sinhá Marcina e serão eles a tomar conta de tudo, de agora para a frente. Não pensem mais em matar, queiram viver. Chorem pelos seus mortos e permitam que as famílias dos empregados chorem por eles. Orem pelos feridos e entreguem as armas.

Um deles falou:

— Coronel Castro, sabemos que é bom e justo, respeitamos o sinhô, mas não entregaremos as armas. Até que seja tudo definido e esclarecida nossa situação, não entregaremos as armas. Se um de nós for castigado pela revolta, que sejam todos. É matar ou morrer!

— Mandei buscar João e espero que logo esteja aqui. Em Morro Vermelho já houve tristezas demais, vamos evitar lutas. Vim aqui em paz, se quisesse dominá-los já o teria feito. Não sou criminoso, nunca matei e não estou disposto a matar; se vim armado é porque ando assim e temi que fosse emboscada, vocês sabem dos fatos ocorridos por estas terras e como sou. Dou importância à vida humana, peço-lhes calma, respeitem-nos e serão respeitados. Fiquem com as armas, mas não as usem!

Um deles falou:

— Sabemos pelo seus próprios escravos, coronel Castro, que podemos confiar no sinhô. Pedimos que nos proteja, pois se vier o delegado haverá luta.

— Não chamaremos o delegado aqui. Não permitirei que sejam massacrados; para mim, bastam os mortos e feridos. Confiem em mim, eu os ajudarei, meus homens aqui ficarão e tudo farei para evitar uma outra luta!

Cochicharam entre si e o grupo pareceu relaxar mais. Algumas escravas saíram e correram para a varanda, logo ouvi o choro alto. Pedi a meus escravos, que me acompanharam, para acalmá-los e aconselhá-los a esperar pacificamente.

Voltei à sala, Maria socorria com precisão os feridos, a sala estava cheia, coronel Francisco estava ferido, no seu quarto com um empregado. Contei dezesseis negros feridos. O médico chegou, e relatei a ele rapidamente o que se passara; elogiou o trabalho de Maria que fizera quase tudo, só deixando as balas para serem extraídas.

Um negro com uma bala no estômago estava muito mal e o médico nem a extraiu, chamou-me. Uma das negras foi buscar-me e atendi logo. Ao ver-me, seu rosto se suavizou e falou com dificuldades, pois tinha hemorragia pela boca:

— Sinhozinho Jorge, sei o tanto que é bom, estou morrendo, deixo mulher e cinco filhos. Pelo amor de Deus, sinhozinho, leve-os com o sinhô, trate deles, não os deixe aqui.

Comovi-me, segurei sua mão:

— Prometo, cuido dos seus. Lucas morreu e o coronel Francisco está morrendo, e aqui será como Sant'Ana, com João e sinhá Marcina. Fique tranquilo, prometo olhar por eles e protegê-los. Não quer vê-los? Chame-os.

— Não, sinhô, não quero que me vejam morrer.

— Não pense em morrer, é tão forte e moço, o médico chegou e cuidará de você.

— Não carece, meu pai aqui está, ele veio buscar-me.

Parou de falar, seu rosto ficou tranquilo, sorriu, o sangue saía pela boca em grande quantidade, mas ele não deixou de sorrir, fechou os olhos e expirou.

Cruzei suas mãos.

— Os justos não temem a morte!

Olhei, fora Maria quem dissera, concordei com a cabeça e pedi para Manuel, que ali ajudava, para o levarmos até a varanda. Mais um morto.

A sala estava transformada, toda suja de sangue, ouviam-se gemidos e choros. Foi aí que conheci Tamira.

Tamira era realmente feia, torta, andava jogando o corpo, seus braços eram moles, olhos miúdos e boca grande, lábios grossos, ria e babava. Parecia divertir-se com o que via.

— Tamira, que faz ela aqui? — perguntou Marcina a uma negra, que tratou de explicar:

— Não quer ficar no quarto, sinhazinha, conseguiu escapar e vir para cá, não consigo controlá-la.

— Deixa Tamira ficar, deixa — falou Tamira com dificuldade, com uma voz rouca, estranha, olhando para a irmã.

— Promete não pôr a mão em nada? Eles estão com *dói dói*, estamos passando remédios neles. Promete ficar quietinha? — Tamira balançava a cabeça, concordando. — Então, fique ali encostada. Ambrosina, vigie-a.

Acabaram os curativos, todos tinham sido medicados, o médico e Maria preparavam remédios para amenizar as dores dos feridos. Marcina relaxou-se, suspirou aliviada, e chamou-me até o escritório do coronel Francisco, que era escuro, com móveis pesados; Marcina sentou-se, segurou minha mão, apertando-a:

— Jorge, Jorge, fique comigo e ajude-me. Que devo fazer? Não penso em chamar o delegado aqui, nem quero que venha. Nada de represálias e de mais mortes.

— Você está certa. Os negros agiram errado, responderam com violência porque a violência fora imposta a eles. E essa violência deve ser contida, parar por aqui. Ajudo você, com você ficarei. João virá logo, assumirá a administração e tudo ficará bem.

— Obrigado, Jorge. Agora vou ver meu pai.

O coronel Francisco, atingido nas costas por uma facada, não voltara do desmaio; o médico afirmou ser grave seu ferimento.

Com tudo mais calmo, já de madrugada, fui para casa, acompanhado de um só homem, deixando os outros a vigiar os negros revoltados.

Entrei silenciosamente, mamãe estava na sala, nem se deitara, estava com o rosto inchado de chorar. Compreendi que estava magoada comigo, fingi não perceber, sentei ao seu lado e narrei tudo o que vi na Morro Vermelho, as cenas macabras, o sofrimento dos familiares dos que morreram, os gemidos dos feridos e a ansiedade de sinhazinha Marcina, que não sabia o que fazer. Lembrou-se de mim, o vizinho mais próximo e uma pessoa respeitada pelos escravos, para ajudá-la e pôr fim à revolta e evitar mais mortes.

Mamãe escutava-me, curiosa, ora arregalava os olhos, ora enxugava as lágrimas:

— Que horror, meu filho! Que horror!

— Entendeu mamãe, por que fui? Preciso voltar, se houver represálias, se o delegado que gosta tanto de matar negros, lá for, outros tantos morrerão. Os escravos revoltosos estão decididos, é matar ou morrer! Aqui vim para tranquilizá-la, se a senhora quiser, não voltarei mais lá, desculpe-me se a desobedeci e fui.

Mamãe acariciou-me:

— Com Lucas morto e o coronel à morte, não sinto mais perigo. Volte, filho, evite mortes, sinto aqui dentro o choro das mães e o temor delas a pensar que mais pessoas morrerão. Elas confiam em você! Pode ir.

— Obrigado, mamãe. Para lá vou agora e só devo voltar à noite, muitas providências terão de ser tomadas e pessoas enterradas.

Sabia fazer minha mãe compreender-me, sendo dócil e gentil. Beijou-me, deixei-a tranquila e prometeu-me ir dormir. Voltei para junto de minha Marcina.

Fazenda Santa Luzia

Na Morro Vermelho, seus habitantes estavam mais calmos, o grupo no meio do pátio desfizera-se. Alguns negros armados faziam guarda pela sede e soltaram os empregados presos. No porão da casa-grande, num salão, foram colocados os mortos, e seus parentes choravam junto deles. Só um dos empregados mortos tinha família. Os feridos na sala estavam quietos, o médico e Maria cuidavam deles.

Amanhecia, quando retornei. Marcina logo que me viu, veio até a mim:

— Jorge, lembrei agora de que meu pai matou um empregado que fugiu da prisão do porão e foi avisá-lo da rebelião. Está na estrada, na curva da ponte, escondido entre a vegetação. Jorge, parece que sonho, que tenho um pesadelo. Que horror! Nunca esquecerei esta noite!

— Que me diz, Marcina?! Seu pai matou um empregado por que foi avisá-lo? — indaguei assombrado.

— Detestava fracos e achou que foram covardes deixando-se dominar, por isso matou o homem friamente, sem ninguém esperar, não pude evitar.

— Vou mandar buscá-lo.

Dei ordem a dois de meus homens para buscarem o empregado morto injustamente pelo coronel Francisco.

— Marcina, temos de tomar decisões, os enterros têm de ser feitos.

— Queria enterrar Lucas na vila, junto de mamãe e Chico.

— Aqui estou para ajudá-la, mas é você quem deve tomar as decisões.

— Eu, Jorge? Tenho medo!

— Tem de ser você, sim, Marcina. Não deve ter medo, aqui estou ao seu lado. É inteligente, justa, cabe a você cuidar de tudo!

— Sou mulher e...

— É uma pessoa, ninguém é inferior por ser mulher, não se desvalorize. Se você se impuser, eles obedecerão! Vou chamar os líderes dos escravos.

Um grupo de doze negros veio até nós, todos armados, os que não tinham armas de fogo estavam armados com facas, paus, pedras, até com ferramentas de trabalho. Magros, sujos, mal vestidos. Sabendo que estavam dispostos a tudo, dava um certo medo encará-los. Meus homens rodearam-nos, disse-lhes, tranquilo:

— Dona Marcina quer falar com vocês.

— Vocês me conhecem, sabem como sou. Desaprovava o procedimento de meu pai e de meu irmão Lucas. Quero paz no meu lar, nestas terras, e se assim não fosse, não estaria a cuidar de todos os feridos. Muito já sofremos, muitos morreram. Culpa não existe, não quero culpados. Quero enterrar os mortos. Quero enterrar meu irmão Lucas na vila perto de minha mãe.

Marcina fez uma pausa, os negros entreolharam-se, ela continuou:

— Quero levá-los logo, daqui a umas horas.

— A sinhá irá à vila? — perguntou um deles.

— Serei a única parente a se despedir do meu irmão. Irei à vila.

— E quem nos garante que não irá a sinhá pedir ajuda ao delegado? E que ele e outros homens não virão aqui nos matar?

— Eu garanto! — disse Marcina decidida. — Se quisesse pedir ajuda, já o teria feito.

— Com a sinhá aqui não atacarão temendo por sua vida, mas, sem a sinhá, fica diferente!

Marcina olhou-me e interferi:

— Qualquer um da minha fazenda podia ter ido buscar socorro e não foi. Eu mesmo com meus homens poderíamos tê-los dominado e não o fizemos. O que dona Marcina propõe é justo; depois, aqui ficarão Tamira e coronel Francisco. Vocês devem enterrar seus mortos logo à tarde. Os brancos mortos deverão ser enterrados na vila. Se a intenção de dona Marcina não fosse boa, não teria cuidado dos feridos. Já lhes pediu paz, e garanto que ninguém virá aqui em represália. Vou na frente, aviso no cemitério e o padre; posso até conversar com o delegado, explicar a situação e dizer-lhe que não venha aqui.

Cochicharam e um deles falou:

— Sinhô Jorge, confiamos no sinhô e na sinhá Marcina. Queremos que, junto do sinhô, vá um de nós. Na volta, lá do alto, ele acenará um lenço branco. Se não o fizer, aguardaremos com luta.

— Concordo. Dois dos meus homens irão comigo, cinco com dona Marcina e outros ficarão aqui. Se confiam em mim, confio em vocês, devem aguardar-nos com calma e nada devem fazer para que recomecem outra luta.

— Certo. Mas, se nos trair, todos os brancos daqui morrerão e lutaremos enquanto estiver um de nós em pé!

Olhei-os, abaixaram a cabeça, minha sinceridade inspirava-lhes confiança.

Logo após tomar um café em companhia de Marcina, dei ordens para o que necessitava ser feito na Morro Vermelho. O trato dos animais, o preparo das covas para enterrar os escravos mortos. Chamei Nércio e Manuel e pedi que ficassem ali, enquanto íamos à vila para o enterro. Avisei os negros de que ia partir e um deles se apresentou para ir comigo.

Marcina já arrumava os mortos na carroça para serem levados à vila. Trocou a roupa de Lucas, enfaixou sua cabeça. Estava triste, mas não chorava, e vendo que a observava, chamou-me:

— Jorge, venha cá! Assim parece ele melhor, não é? Será que mamãe pode ver-nos? Deve estar muito triste! Se os mortos ficam juntos, tudo bem, mas, se somos separados conforme nossa obra, nem Lucas nem Chico devem estar com ela. Tenho muito dó dele, Jorge. Lucas foi mau, nada tem de bom para acompanhar sua alma. Estou triste por ele e por todos; sinto igualmente a morte de todos. Era meu irmão e parecia-me tão distante!

— Marcina, você é delicada, bondosa, sabe dar valor a todos. E tudo o que aconteceu é tão lastimável!

— Não me acha insensível por não sentir a morte de meu irmão como deveria?

— Não gostaria de vê-la fingir, nem sempre estimamos os parentes da carne, a uns não conseguimos amar, parecem-nos tão distantes, entendo-a, nada tinha a ver com Chico e Lucas. Você lamenta mais seu proceder que sua morte.

— Você me compreende.

— Já vou, e, por favor, Marcina, tenha cuidado!

Partimos, o escravo que nos acompanhava chamava-se José, lembrei do meu irmão, senti muita saudade e pensei: "Que faria ele se estivesse no meu lugar?". Mais que eu, sem dúvida, era bondoso demais. Mas José, meu acompanhante, ia calado, observando tudo, curioso, ora me parecia medroso, não sabendo nem guiar seu cavalo.

Chegamos à vila, fui ao cemitério, falei ao coveiro:

— Senhor coveiro, Lucas da Morro Vermelho faleceu. O coronel Francisco pediu-me que os avisasse e que preparassem o túmulo da família para recebê-lo, como também cinco covas para os empregados que morreram.

— Que houve, uma epidemia? — indagou-me o coveiro.

Estava curioso, os negros que no cemitério trabalhavam cercavam-nos e ficaram olhando-nos, expliquei, simplificando, mas ficaram incrédulos.

— Se pensam que tenho algo a ver com essas mortes, enganam-se, aqui está José, um escravo da Morro Vermelho para confirmar.

— É verdade, é verdade — disse José.

— Se quiser uma boa recompensa, façam logo o serviço. Dona Marcina logo estará aqui com os mortos. Nada de ir comentar o assunto pela vila. Tratem de fazer logo o trabalho.

— Só uma pergunta coronel Castro, só uma — disse o coveiro. — Todos sabem que são inimigos, por que o coronel Francisco pediu este favor ao senhor?

— Porque fizemos amizade, já não somos inimigos e fui ajudá-lo como vizinho.

Saímos, deixando-o sem que compreendesse bem os fatos.

Fui à igreja procurar o padre, fiz com que José me acompanhasse. O vigário, ao ver o negro sujo em sua igreja, não gostou, nada disse, só torceu o nariz fazendo expressão de nojo. Fui direto ao assunto, contando por alto, desde o começo. O padre mudou de cor, apavorou-se:

— Que horror! Como sofrem os senhores de escravos! Negros assassinos!

— Assassinos são todos os que matam, brancos ou negros. E pelo que aconteceu lá é difícil dizer quem são os assassinos. Morreram muitos, e dona Marcina não quer mais mortes. E o senhor esteja preparado para receber seus fiéis mortos.

Não gostou da minha observação e encarou-me:

— Admira-me o senhor estar aqui a tomar providências...

— É que o coronel Francisco e eu nos tornamos amigos. Por que admira? Não é isso o que prega? Amizade, perdão? Somos dois fiéis do seu rebanho e resolvemos atendê-lo!

Ensaiou um sorriso e não esperei mais perguntas, que certamente viriam; saí, sempre acompanhado de José. Fui ver o delegado.

Este me tratou com deferências, preferindo esquecer que não foi bem recebido em minha casa. Sem delongas, contei tudo.

O senhor Tomás, o delegado, ficou espantado:

— Coronel Castro, o que me conta é espantoso! Tem a certeza de que foram os negros? Quero dizer, não foi um inimigo do coronel Francisco a atacá-lo?

Recebi a indireta calmamente, sabia que o coronel Francisco odiava-me e da nossa inimizade.

— Senhor delegado, não sou homem de fugir das responsabilidades dos meus atos. Nada tenho a ver com essa revolta. O coronel Francisco foi meu inimigo, não eu dele. Tenho amizade com João e dona Marcina e foi ela a me chamar para ajudar. Depois, o coronel Francisco e eu não temos mais rixas como se pensa. Meu dever de vizinho é ajudar. Garanto ao senhor delegado que na Morro Vermelho tudo está em ordem, e com a revolta dominada, eles pedem para que não interfira.

— Como não interferir? Os negros rebelaram-se, mataram e fica por isso mesmo?

— Mataram, mas morreram em maior quantidade. Não ficou por isso mesmo. Conhece bem o coronel Francisco para não duvidar disso.

— Se o coronel Francisco quiser, posso ir com meus homens ajudar.

— Como? Matar a todos?

— Claro que não, só os negros!

— Os culpados estão mortos, delegado, se vim avisá-lo foi porque dona Marcina vem com os mortos para serem enterrados.

— O coronel Francisco não tem muitos homens atualmente.

— Os meus estão lá, ajudei-o, por isso fizemos as pazes.

— E este negro mal vestido? Não é da Morro Vermelho?

— Ganhei-o do coronel Francisco em prova de amizade. Trouxe-o para ver a vila.

— O coronel Francisco há de entender, quero os criminosos, sou a lei.

— Que lei que nada. Os negros estão mortos. E quem mais matou foi o coronel Francisco, vai prendê-lo? Não, não é? Não se prende coronel, só negros indefesos, que por injustiça são escravos. É o aviso do coronel e meu, não deve interferir. Falei exaltado.

— Se dona Marcina vem aí, vou escutá-la, afinal Morro Vermelho nada tem a ver com Sant'Ana. Por que o coronel Francisco não vem ao enterro do Lucas? Amava tanto o filho.

— Por isso mesmo, está abalado com sua morte e, no momento, castiga ainda uns negros.

— Parecia-me que o senhor não gostava de castigar os escravos.

— Não gosto, mas se rebelaram. Dos meus escravos cuido eu, os dos outros, nada tenho a ver com isso!

Saí, cortando a conversa, mentira em relação ao coronel Francisco e a mim, e não os convenci; inimizade não se desfaz assim tão depressa. E, se soubessem que o coronel estava entre a vida e a morte, invadiriam a fazenda, tentariam evitar. Tinha esperança de que Marcina conseguiria convencê-los.

Com José acompanhando-me, cada vez mais assustado, fomos à saída da vila esperar Marcina e guardar também para que ninguém fosse à Morro Vermelho. Havia ali um pequeno estabelecimento que vendia miudezas, e lá ficamos.

Na vila, os comentários corriam, e como eram notícias ruins, voavam, como dizia, minha mãe. Logo, um grupo de pessoas curiosas aguardava também na frente de onde estávamos, e foi aumentando, mas não ousaram interrogar-me. Quando Marcina chegou, vendo as pessoas da vila reunidas, parou, e as indagações vieram de uma só vez. Marcina ficou em pé na charrete e com calma disse a todos:

— Os negros da minha fazenda rebelaram-se. Não se preocupem, tudo está calmo no momento, foram dominados. Aproveitaram-se da viagem que fizemos no final de semana e se soltaram. Quando voltamos, tentaram negociar, mas meu pai, ele impaciente, saiu da carruagem atirando, houve luta. Muitos foram mortos e muitos estão feridos. Lucas morreu como também estes empregados. Meu pai sentiu muito a morte de Lucas, está abalado e lá ficou temendo que os negros se rebelassem novamente.

— Os negros foram realmente todos dominados, dona Marcina? Não houve fuga?

— Foram dominados, não fugiram, morreram muitos. Afirmo que não há mais perigo.

— Que horror! Barbaridade! Aqui estamos para dar nossos pêsames e seguir os enterros.

Marcina seguiu para a igreja, a multidão acompanhava-a. Deixei os dois homens vigiando a saída da vila para ter certeza de que ninguém iria à Morro Vermelho. José e eu acompanhamos Marcina até a igreja; entraram para as bênçãos, ficamos esperando do lado de fora. Saímos da igreja, fomos ao cemitério, tratei de ficar bem discreto e acompanhei tudo mais à distância. Muitas amigas de Marcina cercaram-na, consolando-a e indagavam-lhe curiosas. Marcina respondia com monossílabos. Os mortos foram rapidamente enterrados. Marcina na saída do cemitério explicou novamente, falando alto, tudo o que tinha acontecido, escondendo o fato de seu pai estar ferido gravemente. Agradeceu a todos e disse não estarem necessitando de nada e que voltava agora para a fazenda, junto da irmãzinha que estava assustada.

O delegado adiantou-se e indagou:

— Dona Marcina não quer que a acompanhe até a fazenda? O coronel não quer realmente entregar-me os assassinos? Eu sou a lei e aqui estou para defender a todos. Voltará sozinha, é mulher e...

Marcina olhou-me, dei forças a ela, sabia o que pensava, mulher não era inferior só por ser mulher, respondeu a ele friamente:

— Tenho, senhor delegado, tenho a certeza de que não necessito de nada. Volto acompanhada dos que vieram comigo. Agradeço seu interesse e peço-lhe não se preocupar nem interferir. Relembro que meu pai já tomou todas as providências e que não há assassinos vivos em Morro Vermelho e que tudo está em paz por lá. Com licença, volto à fazenda, pois me acho muito cansada.

— Não posso nem ver o que ocorreu? Nem visitar o coronel Francisco, tão meu amigo? — indagou o delegado insistente. Aí interferi:

— Dona Marcina está cansada. Por que insiste, senhor delegado? Se o coronel Francisco quisesse vê-lo, o teria chamado. Acha-se muito aborrecido para receber visitas curiosas.

Ele nada mais disse, Marcina partiu, ele aguardou um pouco e foi embora. Dei um tempo e parti também, alcancei-a logo na estrada e passei para a charrete.

— Oh, Jorge! Se souberem que meu pai está gravemente ferido e que os escravos estão soltos na fazenda e armados, atacarão Morro Vermelho!

— Foi por isso que mentimos, esconderemos que seu pai está ferido, ganharemos tempo e, quando João chegar, tudo ficará bem.

Marcina colocou a cabeça no meu ombro e pôs-se a chorar. Passei a mão pelos seus cabelos:

— Chore, Marcina, chore, fará bem a você...

Esquecemos dos outros que nos acompanhavam, e quando percebi, olhavam-nos, espantados. Nada disse, continuei a consolar minha amada. Já não importava esconder nosso amor.

Chegamos. Do alto, José fez o combinado, acenou o lenço branco. Os negros, desconfiados, esperavam-nos no pátio. José desceu do cavalo e contou rápido a eles o que se passara na vila, como também que a sinhazinha estava amando-me. Olharam-nos com simpatia e respeito por tê-los defendido.

Doutor Alfredo esperava-nos:

— Devo ir embora, senhorinha Marcina. Estou cansado, os feridos estão bem, seu pai é que me preocupa, Maria deverá cuidar dele tão bem quanto eu.

Estava com o braço nos ombros de Marcina, ele nos olhou, curioso, achei melhor explicar:

— Doutor Alfredo, Marcina e eu nos amamos há muito tempo, isso explica estar aqui a ajudando, como sou amigo também de João, a quem já mandei chamar. Doutor Alfredo, conto com sua discrição, os meus não sabem ainda, devo logo dizer a eles, porque casaremos logo que possível.

Doutor Alfredo era uma pessoa muito estimada na região, tinha quase sessenta anos, coçou a cabeça e acabou sorrindo:

— Ah, estes jovens de hoje! Parabenizo a ambos, souberam escolher.

— Obrigado, doutor Alfredo. Devo pedir-lhe outro favor. Na vila, todos estão muitos curiosos, sabendo que aqui esteve, não lhe darão sossego para saber o que ocorreu. Dissemos que tudo aqui estava tranquilo, não contamos do ferimento do coronel Francisco; falamos que estava chocado com a morte de Lucas e que preferiu ficar na fazenda vigiando os negros. Esperamos que confirme o que dissemos, como também que o ajudei porque fizemos as pazes, que ele não quer receber visitas e que está muito nervoso. Todos conhecem o temperamento do coronel e sabem que quando está nervoso é melhor deixá-lo em paz. Doutor Alfredo, poderá fazer isso por nós?

— Se o coronel Francisco souber disso, não gostará.

— Oh! Não disse que ele está em estado grave?

— Disse, e está, e se ele morrer?

— Poderemos dizer que foi do coração, teve um ataque nervoso, isto será até João chegar e decidir o que fará. Sei que os negros o obedecerão. Se souberem, doutor Alfredo, que os escravos estão soltos e com armas, se reunirão e atacarão a fazenda. O senhor não quer passar outro tanto de horas a cuidar de feridos, não é? Marcina e Tamira estarão aqui, com o coronel ferido. Há famílias de empregados, como meus homens; se invadirem a fazenda, muitos morrerão. Pensando que o coronel Francisco está bem, ninguém duvidará que matou os negros revoltados.

— Farei o que me pede, tem razão, Jorge, minha profissão é para prolongar vidas e evitar mortes. Se o coronel Francisco tratasse os escravos como seres humanos, isso não teria acontecido. E por que não serem os negros que já morreram, os culpados? Temo é por estarem soltos e estarem armados!

— Nada farão se não forem atacados, querem viver e sabem que numa nova luta morrerão todos. Se o senhor confirmar o que dissemos, acreditarão e não pensarão em vir aqui.

— Matarei a curiosidade deles, confirmando o que disseram. Amanhã à tarde, voltarei. Boa tarde, e vá descansar, senhorinha Marcina.

Os escravos mortos foram enterrados, Marcina e eu assistimos à cerimônia simples, onde a dor estava presente no rosto dos familiares. Tamira andava de um lado para outro, alegre, gostando do movimento.

— Marcina, vou embora, e você deve ir descansar. Maria e as mulheres da Sant'Ana ficarão aqui para ajudá-la e também estarão aqui meus homens, que me avisarão se alguma coisa acontecer. Mandarei vigiar a estrada para que não tenhamos surpresas. Procure ficar tranquila, voltarei amanhã.

— E se meu pai morrer, Jorge?

— Ocultaremos. Doutor Alfredo só virá amanhã à tarde, ganharemos tempo até João chegar. Se ele morrer, não diga a ninguém.

— Você é inteligente, Jorge, estamos mentindo, mas, enquanto pensarem que meu pai está bem, ninguém virá aqui sem ser chamado. Obrigada por tudo, Jorge.

Deixei Marcina dentro de casa, saí, chamei meus homens e dei ordem para que ficassem atentos, descansassem fazendo rodízio de guarda e cuidassem de Marcina. Chamei José, o negro que me acompanhara, falei que ia descansar em minha casa, para que recomendasse aos outros calma. Ele me tranquilizou, dizendo que todos estavam calmos e que não queriam mais lutas, que não partiria deles novo confronto.

Estava cansado. Ao chegar em casa, coloquei meus homens de guarda na estrada, com ordem de avisar-me se vissem alguém passar para ir à Morro Vermelho.

Confiava em Deus e pedia que ninguém fosse ver o que se passara. Tínhamos a nosso favor o gênio forte do coronel Francisco, conhecido de todos, que não hesitava em expulsar visitas incômodas. Ao entrar no pátio, vi Leôncio na varanda, esperando-me.

— Sinhozinho Jorge.

— Leôncio, que faz aqui?

— É que soube o que se passou na Morro Vermelho e vim perguntar-lhe, preciso ainda ficar escondido?

— A denúncia de fuga não foi retirada, Leôncio, podem pegá-los. O delegado pode vir aqui e levá-los. Volte ao esconderijo e esperem um pouco mais, não necessitam ir embora, mas, até que João volte e tire a denúncia. Há recompensa pela captura de vocês e poderão vir pegá-los, e eu, ser taxado de cúmplice.

— Vamos poder morar aqui? É bom demais! Lá ficaremos até que o sinhozinho mande chamar-nos. Boa noite, sinhozinho!

Saiu pulando de contente.

Mamãe e as meninas esperaram-me, contei tudo a elas. Após tomar um banho e me alimentar, deitei e adormeci logo. Acordei cedo. Após o desjejum, dei ordens a meus homens e reparti a guarda, pois queria a estrada vigiada o tempo todo. Fui para junto de Marcina.

Encontrei-a com aspecto melhor, mais descansada. Os negros pareceram-me calmos, uns faziam o trabalho urgente, outros montavam guarda.

Marcina veio ao meu encontro:

— Meu pai não parece bem, Jorge. Não se mexe, não fala, abriu os olhos, parece acompanhar-me com eles. Está tão estranho!

— Se abriu os olhos é bom sinal, Marcina, veremos o que o doutor Alfredo dirá.

Conversei com Marcina, animei-a e fomos ver os feridos. O empregado ferido só no braço direito estava bem, nenhum negro apresentava gravidade, reagiram bem ao medicamento do doutor Alfredo e de Maria. Esta, tranquila, com bondade, cuidava deles. Olhei-a com admiração, e ela me sorriu:

— Sinhozinho Jorge, gostaria de ficar até que não necessitassem mais de mim.

— Está bem, Maria, fique o tempo que quiser, cuide dos feridos.

— É mais fácil cuidar dos feridos do corpo do que os da alma, sinhozinho!

— Acha, Maria, que eles podem rebelar-se novamente?

— Se agirem com justiça com eles não; mas se usarem violência...

— Tomei todas as providências para evitar, Maria, até menti, espero conseguir.

— O sinhô é inteligente, um chefe que sabe dominar sem violência. Conseguirá.

— Acha que o coronel Francisco vai morrer, Maria?

— Não, creio que ficará muito tempo no corpo enfermo. Deus está lhe dando oportunidade para que se arrependa de seus erros.

— Aceito seus conselhos, Maria, pode dar-me? Às vezes, não sei bem como agir.

— Nada deve ser feito, esperemos João chegar, os escravos confiam nele.

Suspirei, temia que o delegado reunisse homens e viesse avaliar a situação na Morro Vermelho, o que pioraria as coisas. Certificando-me de que estava tudo realmente sob controle, voltei à Sant'Ana e dei ordem para chamarem-me quando doutor Alfredo ali passasse.

Em Sant'Ana nem tudo estava calmo, todos temiam nova rebelião na fazenda vizinha e pelos meus homens que lá estavam.

À tarde quando avistaram doutor Alfredo vieram chamar-me, fui esperá-lo e segui com ele até a Morro Vermelho.

— Jorge, logo que regressei ontem à vila, minha casa se encheu de visitas, todos queriam saber o que se passava na Morro Vermelho. Acreditaram em mim, contei do modo que me pediu. Até o delegado desistiu de vir aqui sem permissão do coronel Francisco.

— Obrigado, doutor Alfredo, assim evitaremos mais mortes. Temo por Marcina que não quer deixar a fazenda; num ataque podem matá-la.

Ao chegarmos, doutor Alfredo examinou todos os feridos, achando-os bem, menos o coronel que, segundo ele, melhorava muito pouco, podendo morrer a qualquer momento.

Ia ver Marcina duas vezes por dia, não tinha novidades, e todos esperavam a volta de João. Passaram-se três dias, sempre vigiando a estrada, alegrei-me quando vieram avisar-me:

— Sinhô Jorge! Samuel, Tião e sinhô João descem o morro, logo estarão aqui.

Fui esperá-los na estrada.

Ao ver-me, João alegrou-se, cumprimentamo-nos. Estavam cansados, pois vieram o mais rápido que podiam.

— Tião e Samuel, vão para Sant'Ana descansarem, acompanho João.

No caminho, contei tudo a ele, escutou-me silencioso:

— João, você é o único varão da família, cabe a você assumir e pode contar comigo. Está desarmado? Quer uma de minhas armas?

— Não, Jorge, não uso armas nem vou usá-las. Não quero dominá-los pela força. Se não conseguir pelo bem, não quero impor violência. Como pedir que larguem as armas, se estiver armado? Obrigado por tudo o que nos fez, Jorge, por ter ajudado Marcina e evitado mais mortes. Nunca esquecerei sua ajuda e me espelharei em você, agindo com justiça.

Ao verem João chegar, os negros reuniram-se no pátio. Marcina e Tamira vieram abraçá-lo. Ele beijou as irmãs com muito carinho. Calmamente, subiu os degraus da varanda e falou aos negros, fazendo questão de mostrar que não estava armado.

— Estou assumindo a direção da fazenda, entristeço-me com os acontecimentos aqui ocorridos. Não quero culpados, não quero castigos, não quero escravos, quero trabalhadores vivendo com dignidade. O que passou, passou. As mortes já foram suficientes. Mudarei o nome desta fazenda, Morro Vermelho já não existe mais. Vermelho foi como o sangue derramado que deve ser esquecido. Começaremos vida nova com dignidade, justiça, trabalho, lazer, e deveremos pensar que nascemos todos agora com Santa Luzia. Assim se chamarão estas terras: Santa Luzia; o nome da Santa que, tendo seus olhos arrancados pela maldade humana, nasceram-lhe outros pela bondade de Deus. Fazenda Santa Luzia renasce pela bondade de Deus com nova forma de vida. Recomeçaremos não falando mais do passado. Esqueçamos quem fez, quem matou nesta revolta. Todos nós ficamos feridos, ou no corpo, ou na alma, curemo-nos com o esquecimento e com o perdão recíprocos.

João fez uma pausa, todos estavam emocionados, falava com muita sinceridade, continuou:

— Jorge, meu amigo, peço ajuda para refazer Santa Luzia, quero construir casas, uma para cada família, e a senzala será um barracão, um lugar de lazer e festas. E vocês, negros de Santa Luzia, terão a vida que tanto invejaram dos escravos de Sant'Ana: boa alimentação, dias de descanso, suas festas, roupas. Pedirei ao doutor Alfredo para cuidar de vocês, restituindo-lhes a saúde. Castigos, nunca mais! Santa Luzia será aberta, aqui ficará quem quiser ou então poderá ir embora, que não darei queixas. E confiem, fiquem, e os que fugiram poderão voltar quando quiserem. Não estou armado, não usarei armas, não me interesso por elas, e vocês, se quiserem, coloquem-nas no canto da varanda. Armas ferem, matam, causam dores. Se renascemos, as armas que deveremos ter são a esperança e a vontade de sermos felizes!

João calou-se, deu por findo seu discurso. Os negros cochicharam, depois, todos juntos, levantaram as mãos e gritaram:

— Viva sinhozinho João! Viva sinhá Marcina! Viva coronel Castro!

Nós três sorrimos, eu disse a eles:

— Ajudaremos. Estaremos presentes na reconstrução de Santa Luzia. A começar, refaremos a pequena ponte na curva de cima, encurtando caminho entre as duas fazendas, agora amigas. Espero que todos vocês sejam felizes!

Estavam confiantes e animados. A esperança, esta companheira tão doce, estava presente, e o que eles mais queriam era serem tratados como os escravos de Sant'Ana. Fugir não seria a solução para escravo nenhum, e eles sabiam disso; alcançar um quilombo não seria fácil, acabariam capturados e voltariam em situação pior, e nos quilombos estavam sempre sendo atacados. Sabiam também que ter carta de alforria não lhes trazia facilidades: para comer tinham de trabalhar e dificilmente se dava trabalho para negros. Depois, nem sempre essas cartas eram respeitadas, sabíamos de casos em que elas eram rasgadas por homens brancos e que os faziam escravos novamente. Não era fácil estar vivendo num corpo de cor negra. Ali juntos, com familiares e amigos, a esperança brilhava para eles com a simplicidade e sinceridade de João, um moço sem maldades, sem ambição, com vontade de ser feliz e que todos também o fossem.

Entramos nós três, João olhou os feridos e convidou-nos, Marcina e eu, para ir ao escritório do pai. Abriu as gavetas trancadas de uma escrivaninha, achou os documentos e dinheiro, boa quantia em dinheiro.

— Usarei este dinheiro, ganho com o suor deles, para que sejam felizes e tenham uma vida mais confortável.

— João — disse Marcina —, que bom você ter mudado o nome da Fazenda para Santa Luzia, porque Luzia era o nome de mamãe!

— Nossa mãe, Marcina, merece esta homenagem e tenho certeza de que ela nos ajudará a fazer desta fazenda um lugar de paz e justiça.

Um dos meus homens chegou interrompendo-nos aflito!

— Sinhô Jorge, vim avisá-lo que o coronel Gervásio e seus homens vêm para cá; já descem o morro de Sant'Ana.

— Deixem-no passar e faça com que pense serem vocês homens do coronel Francisco. Acompanhem-no, tratem-no com respeito.

Meu empregado saiu rápido a cumprir minhas ordens.

— João, não devemos deixar o coronel Gervásio desconfiado, é amigo do seu pai e igual a ele; se não recebê-lo, é capaz de atacar-nos, melhor será recebê-lo e muito bem. Devo esconder-me, meus homens serão seus, aja com naturalidade. Certamente, ficou sabendo o que aconteceu e veio se certificar. Lucas era noivo de sua filha, deve estar querendo notícias.

— Tem razão, Jorge, vamos receber o coronel Gervásio.

Chamei Nércio:

— Nércio, explique aos negros que devemos receber uma visita, o coronel Gervásio, um senhor de outra vila que aqui vem só de passagem, para agirem como se nada houvesse acontecido. Nércio, meus homens serão de João, ajam como empregados de João.

Nércio saiu rápido, e olhei para Marcina.

— Marcina, o coronel Gervásio não deve ver os feridos na sala. Não tem outra entrada?

— Há a porta do Salão Verde, onde recebemos visitas importantes. Fecho a porta da sala, peço-lhes para que fiquem quietos e receberemos o coronel e seus homens na outra sala. Vou providenciar rápido. Venha comigo, Jorge, ficará no meu quarto.

O quarto de Marcina — uma das suas janelas dava para a varanda do lado esquerdo da casa — era simples, parecia com ela, tinha seu perfume. Ali, fiquei ansioso. Escutei chegarem. O coronel Gervásio falava alto e grosso, entrecostado na janela, ouvia-os.

Cumprimentaram-se.

— Seu pai está bem guardado, bons homens, boas armas? Onde está ele? Posso vê-lo?

João respondeu calmamente:

— Obrigado, coronel Gervásio, disponha se precisar do nosso pessoal. Meu pai dorme no momento, sofre muito com a morte de Lucas, está muito nervoso, por isso doutor Alfredo deu-lhe calmantes.

— Não me parece doente, menino João.

— Não estou, Lucas mentiu porque se apaixonou por Marta, por querer muito meu irmão, cedi-lhe a noiva.

— Ora, ora, não precisavam mentir. Marta está inconsolável com a morte do noivo. Conta-me, menino João, o que se passou aqui. Pensei encontrar a fazenda em pé de guerra.

— Falatórios coronel, falatórios. Estamos de luto pela morte do nosso querido e estimado irmão, sofremos muito. O que aconteceu, coronel Gervásio, foi que uns escravos se aproveitaram da viagem do papai, conseguiram se soltar atacando Lucas e uns empregados de surpresa, houve algumas perdas e, infelizmente, nosso Lucas morreu.

— E os negros?

— Enterrados, coronel, enterrados.

— Bom castigo enterrá-los vivos.

— Venha, coronel, tomemos um lanche.

Não escutei mais, João saía-se muito bem. Uma hora depois, Marcina veio ver-me:

— Jorge, só mais um pouco, o coronel Gervásio já vai embora, ficará esta noite na nossa casa na vila; João deu a entender que há muita tristeza aqui para hospedá-lo. Viu meu pai e, graças a Deus, papai dorme tranquilo e o coronel gentilmente não quis acordá-lo. Tremi o tempo todo, pensando se ele quisesse acordá-lo! Parece que acreditou. Volto a eles, espero que vá embora agora.

Logo após, ouvi conversas na varanda:

— João, se precisar de alguma coisa é só avisar. Não se esqueça de falar da minha visita ao Francisco. E espero que você vá nos visitar e conhecer minha Marta.

— Coronel Gervásio, agradeço sua consideração, sua preocupação e sua visita. Sentimo-nos honrados com sua atenção.

Iremos visitá-los, papai se distrairá em sua agradável companhia. Nossa casa na vila os abrigará pelo tempo que quiser, embora não estejamos lá. Disponha dela, coronel, como sua. Até à vista, boa viagem.

Escutei partirem e saí para encontrar com eles na sala.

— Jorge — disse João —, acho que conseguimos convencê-lo, pensou que seus homens fossem de meu pai, e só desconfiou um pouco de ver meu pai dormindo. Espero que não volte mais.

— Pareceu-me entusiasmado em casá-lo agora com Marta — disse Marcina.

— Também percebi, vamos deixar que pense, é melhor por enquanto tê-lo como amigo.

— João, deixo meus homens aqui, continuo a guardar a estrada, o delegado pode querer vir aqui.

— Jorge, agradeço-lhe muito. Não necessita deixar ninguém aqui, devemos recomeçar, confiando. Quanto a guardar a estrada, é prudente. Vou agora à vila, vou falar com o delegado.

— É melhor, assim não terá a infeliz ideia de vir aqui; e já que vai falar com ele, peço-lhe que retire a denúncia da fuga das escravas.

— Foi você, Jorge? Desconfiava e alegro-me de que tenha feito aquele resgate. Retiro a denúncia sim, e desde já estão livres. Jorge, por favor, peça a Glorinha para ir amanhã se encontrar comigo, na mesma hora e local.

— Não necessitam mais se esconder, João.

— É só desta vez, Jorge, quero falar-lhe, revê-la, estou saudoso!

— Está bem, só desta vez...

Partimos, escolhi seis dos meus homens para acompanhar João até a vila e fui para casa.

No outro dia, João contou-me o que conversou com o delegado, garantiu que o pai estava bem e que havia castigado os negros revoltosos e que fizera amizade com os Castro, por terem ajudado. E que seu pai na viagem achara as negras que fugiram e que retirava a denúncia da fuga. O delegado achava ruim não ter sido chamado para ajudar e concordou em deixar o coronel Francisco agir como quisesse, pois os negros eram dele.

O coronel Gervásio pernoitou na vila e depois foi embora. Doutor Alfredo dizia a todos que o coronel Francisco estava tendo crises nervosas, agitando-se muito, que necessitava descansar e que não deveria receber visitas.

No outro dia, abrimos a passagem entre Santa Luzia e Sant'Ana, encurtando o caminho. Estávamos em época de pouco serviço no campo, e como não necessitasse mais de guardas, deixei-os à vontade para irem ajudar os companheiros da fazenda vizinha e foram muitos a ir.

À tarde fui visitá-los.

Os escravos não estavam mais armados; no canto da varanda foram deixadas as armas. Os negros estavam entusiasmados e quase todos os que fugiram voltaram. João marcava o local onde se construiriam as casas. Veio ao meu encontro.

— João, prometi a um negro que morreu cuidar de sua família, se não se importa, levo-os para Sant'Ana.

— Já me contaram o fato, Jorge. Vamos deixar que a mulher escolha; se quiser ir, pode levá-la; se não quiser, ficará aqui, não quero forçar ninguém em Santa Luzia. Vou mandar chamá-la.

Logo a mulher veio até nós e me disse humilde:

— Coronel, se não se importa, quero ficar. Aqui tenho meus pais, parentes e sei que seremos felizes.

— Está bem, se necessitar de alguma coisa, procure-me.

Doutor Alfredo acabava de examinar o coronel Francisco, chamou-nos e deu a notícia.

— O coronel Francisco foi ferido na coluna vertebral, ficou imobilizado. Não corre mais perigo de morrer, porém não andará mais e não conseguirá se mexer. Entende tudo, ouve e enxerga. Não consegue falar, não sei o porquê, não encontro nada de físico, acredito que seja um traumatismo.

— Ele se recuperará, doutor Alfredo? — quis saber Marcina.

— Não, Marcina, seu pai ficará para sempre inválido.

Não houve comentário, e nos sentíamos aliviados. O coronel Francisco não voltaria à direção da fazenda, e Santa Luzia poderia renascer em paz.

Após doutor Alfredo ter ido embora, João disse-me:

— Jorge, prometi a todos os que têm seus familiares separados por meu pai tentar recuperá-los. Será que me cederia Manuel para fazer isso por mim?

— Com prazer, escolheu bem. Manuel é bom, sensível e honesto, pode deixar com ele, irá atrás de todos e saberá com precisão adquiri-los. Ficará feliz em fazer isso para você e poderá começar amanhã.

Com a denúncia retirada, mandei buscar Leôncio e família do esconderijo, ficariam nas minhas terras, já que desejavam tanto nelas permanecer.

Já era de tardezinha, estava na varanda, muitos voltavam do trabalho, quando Leôncio e os seus chegaram, vinham contentes.

— Sinhozinho — disse Leôncio —, posso falar-lhe?

— Sim — disse descendo os poucos degraus da varanda, indo até o pátio.

— Podemos ficar morando aqui?

— Sim, podem, João retirou a denúncia e podem escolher, ficar aqui ou lá.

— Ficaremos aqui, queria pedir se posso casar com Jurema.

— Por mim, tudo bem, case e que sejam muito felizes, deve, entretanto, pedi-la ao pai dela.

— Ele já concordou. Sinhozinho, o sinhô só me fez o bem, devo-lhe tanto. Deus lhe pague. Serei fiel até à morte.

Num impulso que não pude evitar, Leôncio pegou minha mão e beijou-a. Ia ralhar com ele, pois nada fizera que me privasse de algo. Ajudara no que estava ao meu alcance. E vieram rápido em minha mente os dizeres do Mestre Jesus: *Quando fizerdes tudo o que deveríeis, dizei: Sou servo inútil.* E tinha feito tão pouco! Não deveria, entretanto, sufocar no coração daquele espírito um dos sentimentos mais nobres que existem: a gratidão. Leôncio me era grato, reconhecido. Lembrei-me que um dos dez leprosos voltou para agradecer sua cura a Jesus, pois ele realmente ficara curado, não só do corpo, mas também do espírito. Não, não deveria ralhar com aquele negrinho que surgiu na minha frente logo que retornei ao Brasil. Não teria sido eu um dos instrumentos divinos para ajudá-lo? Fizera pouco, ele fizera mais, porém sabia ser reconhecido. A gratidão é uma pérola muito valiosa, tesouro do coração.

Em vez de dizer algo, coloquei a mão direita em seu ombro e dei-lhe umas palmadinhas amigáveis.

Olhei para ele, seu rosto estava molhado de lágrimas; emocionado também, senti os meus lacrimejantes:

— Que bonito! — exclamei. — Dois heróis corajosos choramingando como mulheres! Ora, vamos! Trate, Leôncio, de arrumar a casa para os seus e construir outra para você e Jurema.

A alguns passos de nós, Tereza e os filhos, já com bom aspecto, observavam-nos emocionados, choravam, olhando-me agradecidos. Senti a energia que me lançavam, fluidos de gratidão, de bem-aventurança. Muitos dos empregados, escravos que os acompanhavam, contemplavam-nos.

Olhei-os, senti que além do respeito, admiração, olhavam-me com carinho, com amor. Sorri para eles: espontâneos, todos sorriram. Eram felizes.

Pai Tomás

Em Santa Luzia, o entusiasmo tomava conta de todos; o trabalho de reconstrução ia muito bem. O coronel Francisco continuava do mesmo modo e inúmeros comentários se faziam em torno de sua saúde: ora que fora ferido, ora que estava tendo crises nervosas, que sofrera um derrame, que não estava bem mentalmente com a morte dos dois filhos. Poucos amigos da vila se aventuraram a ir visitá-lo e foram recebidos por João e Marcina, que explicavam que o coronel Francisco dormia com medicamentos do doutor Alfredo.

João trabalhava muito, não tinha mais se encontrado com Glorinha, e esta reclamava. Também, diminuí as visitas a Santa Luzia, não queria interferir no que João fazia, e assim ia lá só para ver Marcina.

Todos sabiam, nas duas fazendas, do nosso amor, menos mamãe. Ela sempre sabia de tudo o que acontecia pela redondeza, mas, desta vez, ninguém tivera coragem para dizer-lhe que Marcina e eu namorávamos. Nem eu. Rodeava-a muitas vezes com a intenção de falar-lhe e acabava perdendo a coragem. Estava preferindo até que contassem a ela, pois seria mais fácil confirmar. Ela já não estava tão zangada com Glorinha, que não estava mais no quarto e voltara a tomar as refeições conosco. Mamãe evitava falar no assunto, dizendo que não se interessava por esse casamento.

Quase um mês se passou desde que João voltara. Estava uma tarde no curral, quando um dos meus homens veio avisar-me de que Abelardo, ex-noivo de Glorinha, pedia permissão para visitar-nos.

— Deixe-o entrar, avise mamãe! — após sua saída, disse a Nércio, que me acompanhava no trabalho de vistoria dos animais: — Que será que este sujeito quer? Será que está interessado novamente em Glorinha?

— Sinhozinho, a menina Glorinha é capaz de atirar nele!

— Será? É melhor irmos, Nércio. Vamos ver o que Abelardo quer.

Logo que saímos do curral, vimos Abelardo na charrete, trazia um bonito ramalhete de flores. Mamãe o recebeu na varanda e entraram em casa. Nércio e eu rimos.

— Vou entrar, Nércio, se as flores forem para Glorinha, ela é capaz de jogá-las na cabeça dele.

— O que será merecido!

Entrei.

— Jorge, Abelardo está aqui e conversa com sua irmã na saleta — disse mamãe. — Tomara que fiquem noivos novamente.

— Mamãe, noivar novamente com este traidor? Quando nos julgou fracos, caiu fora, agora que lhe parece tudo bem, volta novamente?

— É preferível ele ao filho do coronel Francisco!

Nada mais respondi, não dava para comparar Abelardo com João. A porta da saleta estava aberta, entrei. Abelardo estava sentado, e Glorinha em pé encostada na mesa, e o ramalhete em cima desta. Cumprimentei-o friamente.

— Jorge — disse Glorinha —, Abelardo veio visitar-me.

Nada disse, encostei do outro lado da mesa, cruzei os braços, observei Abelardo. Pareceu-me muito antipático, muito arrumado, parecia que ia a uma festa. Olhou-me e sorriu, falou afetado, querendo parecer importante e muito educado:

— Jorge, que bom que você veio até nós; ia falar a Glorinha, é melhor que escute também. Vim para reatar o noivado, foi uma imensa bobagem ter terminado, arrependo-me profundamente porque descobri que a amo demais e quero casar-me com ela. Seu pai, coronel Castro, já dera sua permissão e certamente você, Jorge, agora no seu lugar, permitirá que reatemos o compromisso.

— Abelardo, se havia um compromisso, você o desfez, lembro-me muito bem. Naquele dia mesmo disse às minhas irmãs que não interferiria na vida delas. Não é a mim que deve perguntar, mas, sim, à interessada.

Glorinha estava séria, colocara as mãos na cintura, deixando bem à mostra sua garrucha. Abelardo insistiu:

— Jorge, você é o varão da família, elas lhe devem obediência.

— Senhor Abelardo, já disse que não cabe a mim refazer este compromisso. Glorinha já é bem crescidinha e saberá decidir, já que se trata da vida dela.

Vendo não conseguir nada comigo, ele dirigiu-se a minha irmã.

— Glorinha, vamos reatar nosso noivado? Casaremos logo. Senti muito sua falta e...

— Senhor Abelardo, não quero o senhor nem para noivo e muito menos para marido. Agora que tem minha resposta, saia da minha casa!

— Olhe aqui, menina, isto não é jeito de tratar-me...

— E por que não? Trato você como quero. E aqui estão suas flores — jogou-as na cabeça dele. — Faça o favor de sair, senão chamo os jagunços!

Abelardo olhou para mim, sorri-lhe. Pegou seu chapéu e saiu furioso. Glorinha e eu caímos na risada.

— Que aconteceu? — entrou mamãe na saleta. — Abelardo passou por nós, nem se despediu...

— Glorinha jogou as flores na cabeça dele.

— Menina, que modos! Parece não ter educação? E você, Jorge, ri?

— Mamãe — disse-lhe —, é certo que Glorinha não foi lá educada, temi que ela lhe apontasse a garrucha. Abelardo mereceu, desfez o compromisso quando nos julgou derrotados. Éramos na época a parte fraca do desentendimento com o coronel Francisco. Agiu como um rato que, com medo de o barco afundar, pulou fora. Agora as coisas mudaram, acabaram os desentendimentos, o coronel Francisco está à morte, estamos bem, o barco lhe parece firme, e ele volta como um rato interessado em jantar. Os ratos devem ser enxotados. Não o quero mal, tenho pena dele, mas Glorinha lhe devia esta.

— Se minhas amigas souberem da grosseria desta menina, morro de vergonha!

— E quem vai dizer a elas? Ele? Duvido!

Rimos, mamãe acabou rindo também.

No outro dia, Tião, o escravo da Santa Luzia, veio avisar-nos que João e sinhá Marcina viriam visitar-nos. Tião parecia outro, bem vestido, limpo, cabelos cortados e muito feliz.

Glorinha e eu ficamos muito felizes com a notícia da visita, pedi a Joana que arrumasse bem a casa, colocasse flores na sala e preparasse licor e docinhos.

Vim a saber também que havia muitos amores entre os escravos das duas fazendas, apesar das proibições e das cercas, e que agora estavam felizes pensando em unir-se, e João e eu combinamos que a moça iria para a fazenda a que o moço pertencia.

Manuel sentia-se realmente realizado com a tarefa que João lhe pedira. Já havia adquirido quase todos que, por maldade, o coronel Francisco separara dos seus.

Na hora combinada, os dois chegaram, esperei-os na varanda. Mamãe, embora aborrecida, fora educada. Após os cumprimentos entramos na sala e, por meia hora, a conversa foi sobre o tempo, o trabalho em Santa Luzia. Até que comentamos a visita de Abelardo. Rimos, e João aproveitou:

— Este fato alerta-me e não devo esperar mais. Glorinha é muito linda, tentação para muitos solteiros. Dona Catarina, Jorge, quero oficializar nosso compromisso e peço a permissão para casarmos o mais depressa possível.

Mamãe nada disse, coube a mim responder:

— Tem a nossa permissão, sei com certeza que serão felizes. Aproveito que estamos todos presentes para pedir a você, João, a mão de Marcina em casamento.

Pluft! Mamãe caiu desmaiada! Carlota e Joana correram a segurá-la. Nércio pegou-a e a levou para outro quarto. Bárbara correu para chamar Maria.

— Oh, Jorge! Sua mãe não irá aceitar-me!

— Foi emoção, somente. Quando ela a conhecer melhor, amará como eu a amo. Não se preocupe, não é nada sério, acontece com ela sempre esses desmaios. Então, João, não me respondeu?

— Jorge, respeito-o muito, e quero-o como a um irmão. Entrego-lhe Marcina, com a certeza de que a fará tão feliz como eu à Glorinha.

Brindamos à nossa felicidade! Só nós quatro estávamos na sala, fizemos nosso brinde, estávamos felizes.

Combinamos casar juntos, em janeiro, logo após completar um ano da morte de meu irmão José.

Mamãe não veio se despedir deles, Marcina ficou sentida, mas animei-a afirmando que mamãe a aceitaria e que seriam muito amigas.

No outro dia, mamãe não saiu do quarto e não quis receber-me; fiquei muito aborrecido. Não veio tomar as refeições conosco, na hora do almoço. Carlota disse-me que mamãe estava muito triste e que dissera que ia morar com ela, quando casasse.

Nem acabei meu almoço, fui para a varanda, não queria magoar assim minha mãe e também que saísse do seu lar por nossa causa. Não sabia o que fazer, lembrei-me de Pai Tomás. Deveria agradecer-lhe por ter ajudado a esconder Leôncio e família e lhe devia uma visita; não fora vê-lo desde meu regresso.

Pedi a Nércio meu cavalo e fui sozinho visitá-lo.

A cabana em que morava parecia do mesmo modo, era uma casinha simples, com flores e plantas à sua volta. Sem descer do cavalo, bati palmas e uma voz harmoniosa respondeu lá de dentro:

— Sinhozinho Jorge, pode descer, entrar.

Desci do cavalo e então o vi na porta, pareceu-me o mesmo de anos atrás, nada diferente nem mais velho. Pensei: "Bem que diziam que Pai Tomás não envelhece, ninguém sabia com certeza informar a idade dele".

— Boa tarde!

Cumprimentamo-nos sorrindo, e ele, como se lesse meus pensamentos, respondeu-me:

— Os anos passam para mim também, sinhozinho, só que não me preocupo com eles, nem eu sei minha idade! Entre, sinhozinho, sente aqui para conversar em paz.

A casa tinha três cômodos; onde sentei era o lugar em que recebia as pessoas, outro onde dormia, e o último a cozinha. Tudo muito limpo, muito simples.

— Tenho só o essencial, necessito de tão pouco — sorriu, pelo jeito ele adivinhava meus pensamentos e espantei-me quando disse: — Não, sinhozinho, não adivinho pensamentos, isso é o que todos pensam ao ver minha casa. Está, sinhozinho Jorge, aborrecido com a sinhá sua mãe? Ela sofre, queria o melhor para você e acha que será infeliz com sua escolha!

Suspirei, estava realmente triste, olhei-o bem e falei com voz sentida:

— Às vezes penso, Pai Tomás, que estou errando muito, que não faço nada certo, não queria ver os meus sofrerem, ainda mais por minha causa. Sonhei com outra forma de vida para mim e de repente me encontrei diante de tantas responsabilidades para as quais não estava preparado!

— O sinhozinho tem se saído muito bem, não deve se preocupar assim! Sinhá Catarina é boa e ama tanto os filhos, por que não conversa com ela? Por que não lhe diz dos seus sonhos, seus planos, o tanto que sentiu ao tomar conta de Sant'Ana. Fale à sua mãe de sua preocupação com o bem-estar de todos, fale o que lhe vai n'alma, do seu grande amor pela menina Marcina. Verá que acabará compreendendo.

— A vida é estranha, não é, Pai Tomás? José, sim, sabia tomar conta de tudo com sabedoria. Há tanto tempo, o senhor, aqui mesmo, disse que ele partiria logo.

— O sinhozinho José não veio para ficar muito. Foi bom administrador.

— Era tão inteligente, não sei como não pensou que o coronel Francisco pudesse tocaiá-lo.

— Era inocente, não pensou que pudesse alguém ser tão mau! Repito, foi ele bom administrador das coisas de Deus.

"Quê? Administrou coisas de Deus? Para mim, quem administrava coisas de Deus era o padre. José foi muito religioso, Pai Tomás se confundiu" — pensei e ia corrigi-lo quando ele disse:

— Sinhozinho Jorge, a Terra, tudo o que existe nela, o Universo e seus astros, tudo é obra do Pai, tudo pertence ao Criador, até nós. Muitos se julgam donos. Donos de quê? De terras, casas, engenhos, de outras pessoas? Moramos aqui por pouco tempo e o que levamos? Nada disso, voltamos só com o que nascemos, com o aprendizado que fizemos. Não somos donos de nada, na verdade, somos administradores das coisas, das obras do Pai.

Sinhozinho José sentiu isso e foi um bom administrador. Tanto é verdade, menino Jorge, que quando seu corpo morreu, José se sentiu livre e partiu feliz.

Olhava com atenção para Pai Tomás, pensava, era bem sábio, tinha grandes conhecimentos, ele que era um ex-escravo e que nem sabia ler. Arrepiei-me quando, calmamente, ele disse:

— Não podemos julgar os conhecimentos de uma pessoa só pela vida atual, sinhozinho. Não sou nenhum sábio, sou negro, fui escravo por uma necessidade de aprendizado na humildade, mas nem sempre fui assim. O que sei, aprendi pelo espírito, fato que o sinhozinho pode comprovar. Não vê o sinhô os espíritos?

— De fato, vi José feliz e meu pai bem triste!

— Sinhô Joaquim foi bom, tanto que, quando seu corpo morreu, ex-escravos dele vieram ajudá-lo e encaminhá-lo para lugares bons. Sinhô Joaquim era orgulhoso de ser bom. Orgulhava-se do bem que fazia, amava mais a terra que o Reino dos Céus. Sentiu-se dono, não administrador. Lá, inquietou-se pelas coisas que julgava serem suas, sentiu-se preso a elas e voltou. Sofreu, vagou por aí, como dono inconsolável por ter de deixar tudo. Agora que entendeu, acha-se bem. Isso é comum, sinhô Jorge, muitos se julgam donos das coisas de Deus, são escravos, são possuídos pelo que julgam possuir, e aos bens materiais ficam cativos. É grande a prova da riqueza e muitos sucumbem. Vivem na Terra, são homens brancos, livres da escravatura que a lei impõe aos negros e, em vez de administrar a riqueza contribuindo para o bem de muitos, tornam-se escravos do que julgam possuir.

— Se é assim, ser negro, escravo não é tão ruim, como pensam — disse, e Pai Tomás continuou a elucidar-me calmamente:

— Deus dá todas as oportunidades de aprender conforme necessitamos. Sinhozinho Jorge, muitos nada têm para administrar, são até escravos, mas não são livres como pensa. São cativos pelo desejo de ter, são possuídos pelo desejo de possuir. São os invejosos, sinhozinho; o desejo é tanto de possuir, de ter, que são duas vezes cativos. Poucos são os libertos, não têm o desejo de ter, e, se têm, sabiamente administram e entendem que têm o poder transitório que um dia deixarão, têm de deixar, nada é deles, e sim de Deus. E o bom administrador é aquele que tudo faz para que o maior número de pessoas usufruam do que administra. Entenda bem, sinhozinho Jorge, é tão jovem e tem nas mãos o poder sobre muitos, dependendo do sinhô para viver aqui no corpo, para viver bem ou mal. Tem muito dinheiro e, se agir como sábio, administrará não deixando se prender, porque nada é do sinhô. Um dia partirá, seu corpo morrerá e não levará nada disto, pois até seu corpo ficará, nem este é do sinhô, porque este não lhe obedecerá. Sei que é bom, sinto grande bondade no seu espírito e tem dois exemplos para seguir: o do seu irmão José, administrador sem se deixar possuir, e livre, e do seu pai, que ficou cativo pelo que julgava possuir!

Parou de falar, fiquei pensando no que ouvira, nos seus sábios ensinamentos. Sorriu para mim e serviu-me um chá cheiroso e apetitoso.

Senti-me muito bem ao lado dele, aquela simples cabana dava-me paz.

— Pai Tomás, estas terras são tão lindas, e é triste vê-las em abandono, só o senhor e os fantasmas vivem aqui.

— São lindas e férteis, gosto muito daqui. Está errado, sinhozinho, os fantasmas foram embora, só eu vivo aqui. Dos espíritos que aqui estavam, uns foram embora, cansaram, perdoaram, outros, rancorosos, foram atrás do coronel que abandonou o corpo.

— O coronel morreu? Como sabe?

Sorriu diante das minhas indagações, respondeu-me falando sempre calmamente:

— O coronel morreu, sim, foram os espíritos dos negros que me avisaram. Foram vingar-se dele, a quem não perdoam. Ligam-se ao ódio, as terras os prendem, eles sofrem, mas fazem sofrer. Se temos sentimentos ruins, somos escravos deles, o perdão e o amor nos liberta. Não quiseram escutar-me e foram atrás do coronel.

— Fala dos negros, mas morreu o casal, a esposa e o amante.

— Não foram amantes, nada fizeram, naquela época, de errado, de condenável, não traíram. Amavam-se, é verdade, amor forte de muitas existências, tiveram de sofrer a separação para aprender a amar com honestidade, conseguiram. Sofreram muito, tiveram os corpos mortos em grande sofrimento, perdoaram e pediram para renascer, ter novos corpos e aí estão...

Enquanto falava, vi muitas cenas, um casal jovem e bonito a se olhar, vi os dois amarrados, o fogo. Quase gritei, reconheci-os:

— Carlota! Pedro!

— Sinhozinho sabe muito das coisas e entende por que sei delas. São os meninos, sua irmã sinhazinha Carlota e o bom sinhô Pedro, que voltaram amando-se novamente. Estão tendo algumas dificuldades para ficarem juntos. E estas terras, sinhozinho, ficaram abandonadas depois dessas mortes, mortes tão tristes! Estas terras estão à espera deles para haver novamente alegria; aqui foram injustiçados e aqui deverão ser felizes. Seriam bons administradores e, com eles, tudo voltaria a sorrir.

— Ah! Se pudesse comprá-las! Doaria a eles, seria bem merecido.

— Um dos filhos do coronel está vindo para cá. Se o sinhô oferecer preço justo, comprará estas terras, eles querem vendê-las.

Alegrei-me, levantei-me e despedi-me dele, sentindo-me bem mais animado. Já montara no cavalo, quando lembrei de que não agradeci e gritei:

— Pai Tomás!

— De nada, meu filho, de nada, foi um prazer acolher a família do menino Leôncio aqui e conversar com o sinhozinho.

Sorri.

— Então, Pai Tomás, que Deus o abençoe. Vá nos visitar e, se necessitar de mim, conte como certo.

Chegara à porta, sorriu e abanou a mão, dando adeus.

Fui pensando: "Carlota, a antiga senhora daquelas terras. Tinha minha irmã muito medo de fogo, um medo tão grande, que se apavorava ameaçada com uma simples vela. Não gostava de chegar perto do fogão, não acendia velas, preferia ficar no escuro. Quando criança, por saber que tinha medo, ameacei-a por brincadeira com um pau-de-fogo, ela gritou tão apavorada que gritei também e correram todos. Papai ralhou comigo e fiquei muito aborrecido. Ninguém entendia o porquê do seu medo. Agora compreendia, eram recordações do passado, pois ter o corpo queimado foi uma impressão muito forte e trouxera, ao renascer, o medo do fogo. Vagas recordações trazemos de vidas passadas, tantos medos, antipatias que só são explicadas com a compreensão de que o espírito volta em outro corpo, reencarna. Como também o amor, tão forte entre Carlota e Pedro, João e Glorinha, até o meu por Marcina. Quando a revi, senti que a amava há muito, muito tempo. Amores de muitas existências!"

Da Fazenda Assombrada fui à Santa Luzia. Achei João trabalhando com os escravos, trabalhavam iguais, estavam carregando terra, e ele estava sujo, suado e feliz.

— João, preciso falar-lhe.

— Jorge, que bom vê-lo, venha, sentemos aqui embaixo desta árvore, aproveito para descansar uns minutos.

— João, para mim, filhos são iguais, sejam homens ou mulheres, devem herdar igualmente. Vou repartir o que temos em três partes. Você me disse que Santa Luzia é de Marcina e sua. Venho propor-lhe, a parte de Marcina pela de Glorinha. Você ficaria com Santa Luzia, eu com Sant'Ana.

— Não sairá prejudicado, Jorge? Lá são três a dividir.

— Aqui também há Tamira.

— Sabe que não é a mesma coisa.

— João, meu pai deixou-nos com muito dinheiro, este dinheiro darei a Carlota.

— Se está bem a você, Jorge, está para mim.

Após conversar com Marcina um pouquinho, fui para casa, já estava um pouco atrasado para o jantar, e foi com alegria que vi Pedro e Carlota na varanda.

— Pedro! Que bom vê-lo!

— Vim visitar Carlota, e dona Catarina convidou-me para jantar.

— Queria mesmo falar com você, venha comigo à minha saleta, venha também Carlota.

— Pedro, vamos nos casar, Marcina e eu, João e Glorinha, em janeiro, porque você e Carlota não se casam também?

Pedro ficou um tanto encabulado, gaguejou:

— É que, Jorge, não estamos bem financeiramente, sabe bem, devemos-lhe muito dinheiro. A colheita foi má e...

— Pedro, você me faria um grande favor?

— Sim.

— Estou muito preocupado com a felicidade de todos daqui de casa. Sei que Carlota só será feliz com você; vou-lhe fazer uma proposta, se aceitar me ajudará muito. Não acho justo receberem heranças os filhos homens e ficar a maior parte para o primogênito. Para mim, todos os filhos são iguais. João e eu fizemos um trato, já que ele casa com Glorinha e eu com Marcina, ele fica com Santa Luzia e eu com Sant'Ana. E Carlota fica com o dinheiro de que dispomos. Darei a você, Pedro, o resgate da dívida do seu pai e desvencilhe-se dele. Não é o primogênito, tem muitos irmãos, separe-se deles e comece vida nova aqui na Fazenda Assombrada. Comprarei a antiga Fazenda Olhos d'Água em seu nome, será de vocês, morarão aqui, até que construamos uma casa para vocês, lá.

— Eu! Jorge, não sei!

— Pedro, sabe bem que seu pai, jogando como joga, não terá condições de ajudá-lo. Carlota está na idade de casar, sei o tanto que se amam, devem aceitar.

— Pedro, por favor, aceite, Jorge tem razão.

— Aceito! E agradeço-lhe de coração.

Carlota abraçou-me, feliz.

— Jorge, obrigada!

— Reparto e faço-o com justiça. Ajudá-los-ei a construir a fazenda, cedendo-lhes empregados e escravos, isto é, se tratarem bem deles.

— Sempre pensei, Jorge, se um dia tivesse escravos, seriam bem tratados, viveriam como os daqui.

— Poderá, Pedro, criar gado, pois lá tem muita água, e formar pastos será fácil.

— Jorge, não tenho dinheiro e...

— Sei, Pedro, ajudarei vocês no começo, e sei que logo estará cuidando de tudo.

Os dois se olhavam apaixonados, estavam felicíssimos por poderem se casar logo; saí, deixei-os sozinhos, fui preparar-me para o jantar.

Mamãe veio tomar refeição conosco por termos visitas. Carlota, toda feliz, contou da proposta que lhe fizera, e Glorinha indagou:

— Como é que você, Jorge, comprará a Fazenda Assombrada se eles não a vendem? Os filhos do coronel prometeram a ele não a venderem enquanto ele for vivo!

— Pai Tomás garantiu-me que o velho coronel morreu e que um dos filhos está vindo para cá para vendê-la.

— Pai Tomás? — estranhou Glorinha. — Se ele diz... Mas, se não for?

— Vou até eles, oferto bom dinheiro e compro. Depois, minha irmãzinha, não duvido do que fala Pai Tomás. Compraremos Olhos d'Água.

Brindamos à felicidade deles. Mamãe sempre quis muito este casamento, brindou também, e uma ruga marcou-lhe a testa, isto ocorria quando estava preocupada. Se queria morar com Carlota, não daria mais, já que eles morariam conosco algum tempo, deixando-a sem opção.

Logo após a sobremesa, fiz um sinal a eles para saírem, para que ficasse a sós com minha mãe.

Saíram rápido, evitando que mamãe fizesse o mesmo, ajoelhei-me ao seu lado, ela continuou sentada, deitei a cabeça no seu colo, ela me afastou, não desanimei.

Comecei falando da minha solidão, tão mocinho ainda, longe de casa, numa terra estranha, e o tanto que senti falta de todos. Falei dos meus planos de trabalho, dos meus sonhos em ajudar os negros, de morar na corte, de casar com minha prometida. Da dor de saber da morte do meu pai, da tristeza de rever José morto, do medo da responsabilidade que me coube sem que a esperasse. Do desejo de proteger as terras e a família, e o terror de não o conseguir. E a vontade de fazer a felicidade das três, pois eram o que restava da família. Falei que nunca me interessara por mulher alguma e que não me importei porque José se casara com Laurinda. Do interesse que senti em rever Marcina, do encontro em que ela me agradecera, da necessidade que senti em revê-la, indo aonde sabia que passeava e do amor forte que nascera, independentemente da nossa vontade. Mamãe escutava sem me dizer nada, colocara a cabeça novamente em seu colo, e dessa vez, não me afastara. E acabei por dizer:

— Mamãe, não quero que sofra, que pense em sair desta casa. Este é o seu lar, aqui foi feliz com papai, teve seus filhos e só deve sair daqui quando morrer. Queria ter contado tudo à senhora antes de oficializar o pedido de noivado, mas não tive coragem. Não pensei, entretanto, que sofreria assim. Volto atrás, farei o que a senhora quiser. Preocupo-me com vocês, tenho a certeza de que Glorinha será feliz com João, ele é excelente pessoa; e agora que ajudarei Pedro, Carlota estará muito bem. Não quero a senhora magoada comigo. Se a senhora realmente quiser, desfaço o noivado, João compreenderá.

Estava usando, com minha mãe, de muita sinceridade, não queria me separar de Marcina, mas não queria ver minha mãe infeliz. Tentava fazê-la entender, continuei emocionado:

— Contudo, mamãe, serei infeliz. Não me casarei com ela nem com ninguém, seremos dois solitários nesta casa. Obedecerei à senhora, só que serei infeliz, amo Marcina, como nunca pensei em amar alguém!

Mamãe passava a mão em minha cabeça, alisando meus cabelos, senti que me perdoara.

— Jorge, meu filho, sou a grande culpada, sim, culpada por me sentir inferior, incapaz, de não ter assumido a chefia de tudo, por não saber. Regressou tão feliz e encontrou tantos problemas: chegou, veio a saber da morte do Joaquim, que escondemos de você, viu seu irmão morto, e não perguntei a você o que queria, o que pretendia, mas coloquei tudo sobre sua responsabilidade.

É tão jovem, filho, ficou tanto tempo longe de casa e volta, tendo de assumir a chefia da família e as ameaças que sofríamos. Joguei os problemas sobre você só pelo fato de ser homem. Perdoe-me, filho, fui egoísta, não pensei em você, não pensei, não indaguei se era isso o que queria. Se lhe dei tantas responsabilidades, você tem o direito de escolher sua companheira. Não exigirei nenhum sacrifício mais de você, não posso. Quero que se case e que me dê netos para continuar o nome da nossa família. Marcina não é a nora que escolheria, porém, aceito-a. Se você fez tantos sacrifícios por nós, devo fazer este por você. Quero-o feliz, esforçar-me-ei por esquecer o passado e tudo farei para ser amiga de sua noiva. Que casem os três!

Mamãe soluçou, abracei-a, beijei-a e choramos juntos, e eu disse emocionado:

— Obrigado, mamãe, obrigado!

Senti-me bem mais tranquilo sem desavenças em minha casa.

Oito dias depois, veio um dos meus guardas avisar-me de que um dos filhos do coronel da Fazenda Assombrada estava na estrada. Sorri, contente, Pai Tomás acertara.

— Convide-o para vir aqui. Vou hospedá-lo.

Serafim, assim se chamava o filho do dono da Fazenda vizinha; era agradável, educado, aceitou de bom grado minha hospedagem. Após alimentar-se, foi descansar. À tarde, conversamos. Contou-me que o pai falecera com muito sofrimento, que ele e os outros dois irmãos não tinham planos para voltar ao antigo lar, que tantas recordações dolorosas lhes traziam, e que tinham eles se estabelecido na capital da Província. E foi com alegria que escutei:

— Vim para vender estas terras.

Ofereci um bom preço pela fazenda. Ele sorriu, satisfeito, aceitando sem hesitar. Três dias depois partiu e a Fazenda Assombrada era de Pedro.

Mandei avisar Pai Tomás. Manuel disse que ele só comentou: "Assim tinha que ser!".

Marcina e João visitaram-nos; minha noiva ficara acanhada, temia minha mãe, mas dona Catarina cumpriu o que me prometera, tratou os dois irmãos bem, deixando Marcina muito feliz. Tive a certeza de que logo seriam amigas. Só que mamãe deixou bem claro que, enquanto o coronel Francisco vivesse, ela não iria à Santa Luzia e, se Glorinha quisesse vê-la, teria de vir à sua casa.

Glorinha ainda andava armada, era geniosa, mandona. João era simples, não gostava de armas, e em pouco tempo se tornou líder em suas terras; trabalhava com os empregados e os escravos, todos o amavam. Comentei com minha irmã:

— Glorinha, não é melhor você não usar mais armas? Ninguém anda armado em Santa Luzia!

— Vou deixar de andar com a arma na cintura, porém não me desfarei dela, terei uma sempre ao meu alcance, já disse isso a João, ele concordou, nós nos amamos e respeitamos o modo de ser um do outro.

Ficou olhando-me, e pelo que conhecia dela, minha irmã queria-me pedir algo.

— Que quer, menina?

— Jorge, você é tão bom, que me acanho em pedir-lhe, mas é que desejo Bárbara para mim, queria que fosse morar comigo. Gosto tanto dela!

— Só isso? Claro, Glorinha, se ela quiser ir, pode levá-la.

— Obrigada.

Deu-me um estalado beijo no rosto e saiu correndo. Olhei-a pela janela, foi encontrar-se com Bárbara, vi minha irmã contar-lhe a novidade e as duas se abraçaram felizes. Para muitos, seria estranho tanto carinho entre as duas. Uma sinhá, branca, filha de senhores de escravos e outra, negra, escrava. Não era segredo para mim, tinha a certeza de que o afeto entre as duas era sincero, antigo, eram espíritos amigos de outras existências.

O coronel Francisco não melhorava; logo acabou a curiosidade sobre ele, como também as visitas. Marcina contou-lhe tudo o que acontecera, inclusive a morte de Lucas, e lágrimas correram pelo seu rosto. Logo, porém, seus olhos brilharam de ódio quando ela contou como ela e João estavam conduzindo a fazenda e falou dos casamentos.

O coronel Gervásio, quando soube do casamento de João, veio confirmar. Desta vez João recebeu-o com frieza, deixou que visse seu pai. Com a afirmativa de João, ele entregou o anel de noivado dado por Lucas à sua filha e partiu demonstrando seu desagrado. Marcina ficou contente em recuperar o anel que fora presente de sua mãe.

Pela redondeza, não se falava em outra coisa, senão na reconstrução da Fazenda Assombrada, na felicidade dos escravos de Santa Luzia e nos casamentos.

E os preparativos foram feitos com muito amor. As noivas confeccionavam seus vestidos e mamãe acabou ajudando. A cerimônia seria simples, devido ao luto de João e Marcina. Haveria festa somente para os empregados e escravos das três fazendas.

Aguardei ansioso o dia do consórcio.

Os casamentos

Dois dias antes dos casamentos, fomos para a casa da vila. As amigas de mamãe e das meninas, curiosas, foram em casa; recebemos visitas sem parar.

No dia, todos estávamos nervosos; João e Marcina tinham ido também para a casa da vila. Não vira Marcina, mamãe, acreditando que dava azar, não me deixou ir vê-la, nem que os noivos viessem visitar minhas irmãs. Trocamo-nos mais cedo e mamãe ajudava minhas irmãs. Na hora marcada, fomos para a igreja, meu coração saltava no peito de felicidade e sorria sem parar.

Encontramo-nos na porta da igreja. Marcina estava muito bonita, olhávamo-nos apaixonados. João entrou com ela, e eu com minhas irmãs, Carlota de um lado e Glorinha do outro. No altar, Pedro veio buscar Carlota, e João e eu trocamos de acompanhante: entregamos nossas irmãs e recebemos nossas esposas. Estávamos os seis muito felizes, amávamos. Até o vigário não me pareceu tão antipático. Quando a cerimônia acabou, foi que notei que a igreja estava cheia, todos os habitantes da vila vieram para assistir aos casamentos.

Carlota e Pedro ficaram na vila, permaneceriam lá uns dias. João e Glorinha passariam uns dois dias na casa deles, na vila, depois iriam para a fazenda. Mamãe foi passar um mês na casa de uma sobrinha na vila vizinha, e Marcina e eu fomos para a fazenda. A festa foi animada; os empregados e os escravos passaram a noite cantando e dançando.

Senti-me muito feliz.

O tempo passou.

Mamãe e Marcina tornaram-se amigas, e dona Catarina nunca mais pensou em sair de casa. As duas faziam muita caridade. Como não gostavam de dar esmolas para a igreja, passaram a fazer elas próprias obras sociais: sustentavam famílias pobres, confeccionavam roupas, separavam alimentos do nosso celeiro e os distribuíam, ajudando a muitos.

Nunca discutiram, não falavam do passado, mamãe não ia à Santa Luzia, porém nada dizia por Marcina ir, e minha esposa nada comentava dessas visitas.

Laurinda casara-se com um bom rapaz, pareciam estar bem, só que não tinham filhos e mamãe comentava: "Se Jorge tivesse casado com ela, não tinha me dado netos". Tínhamos, Marcina e eu, seis filhos, sendo os dois mais velhos, homens, que receberam o nome do meu pai e do meu irmão, Joaquim e José, para alegria de minha mãe.

Maria, a negra parteira, morrera, mas continuava *ajudando* a nós todos. Por duas vezes tinha-a visto envolta de muita luz, parecia-me radiante e seu espírito continuou auxiliando a todos os que lhe pediam. Todos na fazenda diziam que era uma santa que, em nome de Jesus, ajudava a quem sofria. Para mim, Maria aprendeu nesta encarnação, nesta existência, a ter humildade, resgatou suas dívidas fazendo o bem; tendo o corpo morto, sentiu-se livre e teve a liberdade merecida. No plano espiritual muitas vezes continuamos a fazer o que amávamos, o que fazíamos com amor na Terra. Assim, continuou a fazer o bem, a ajudar os que sofrem no corpo.

Pai Tomás continuava morando na sua humilde casa. Pedro insistira com ele para que fosse morar perto da sede, numa casa melhor, mas ele agradeceu e não aceitou. Dizia que gostava dali e que era mais do que merecia. Parecia o mesmo de anos atrás, e a única diferença foi que o corpo curvara-se um pouco para a frente e alguns cabelos branquearam. Atendia muitas pessoas, da vila, da redondeza, receitava seus remédios de ervas, benzia, era querido por todos e estava sempre feliz. Nunca fora nos visitar, não saía de sua casinha, só se fosse para visitar algum doente grave. Ia sempre conversar com ele, trocar ideias, e ele com seu modo simples elucidava-me. Falava das verdades das coisas simples, da religião dos seus ancestrais e dos ensinamentos de Jesus. Ensinos estes que foram esquecidos pelos homens na ambição de possuir o mundo, os bens materiais: haviam colocado em segundo plano o Reino dos Céus.

A Fazenda Boa Esperança, antiga Fazenda Assombrada, modificara-se, não se viam ali mais espíritos, e os fantasmas ficaram só na história. Pedro fizera uma fazenda de criação de gado e prosperava. Moraram conosco mais de um ano, depois que se casaram; construímos uma sede muito bonita perto da divisa, ficando próxima da nossa casa. Reconstruíram a fazenda, eram felizes.

Estamos novamente em janeiro, era mais um aniversário da morte de José, do meu regresso. Marcina, logo após o almoço, disse-me que ia visitar o pai, e resolvi ir junto. Fomos na charrete, as crianças iam atrás em algazarra. Raramente acompanhava Marcina nas suas visitas ao pai e à irmã, e se a acompanhava ia para a casa de Glorinha. João construíra outra casa para eles, menor, mas confortável, perto da outra, num lugar mais alto. Da fazenda Morro Vermelho, só a casa velha ficara, tudo se modificou com a fazenda Santa Luzia. João prosperava, os escravos viviam bem, era um lugar de fartura e bem-estar.

Ao chegarmos, Tamira veio encontrar-se conosco, toda contente, ela adorava os sobrinhos, seis, nossos filhos e dez de João. Estava mais feia ainda, gorda e desajeitada, mas era feliz, estava sempre rindo. Quando casamos, deixei Marcina à vontade para levá-la conosco. Tamira não saía de casa, não gostava de ir a lugar nenhum e, se tentassem tirá-la, gritava, sapateava e chorava desesperada. Andava por perto da casa no pátio, no pomar, mas bastava falar que a levaríamos a outro lugar para ela se desesperar pedindo para não ir. João e Marcina combinaram que tudo fariam para que a irmãzinha doente fosse feliz, que ninguém iria ter vergonha dela e que sua vontade, dentro dos limites, seria respeitada. Assim, ficou morando na casa antiga, com o pai enfermo e com as negras a cuidarem deles.

Ajudava Marcina a descer, quando uma das amas veio dizendo:

— Sinhá Marcina, Tamira está muito inquieta. Hoje cedo, sem que víssemos, ela pegou o prato de mingau e deu ao sinhô seu pai, sujando-o todo.

— Falarei com ela — disse minha esposa se aborrecendo.

Tamira já rolava pela grama com meus filhos. Adorava brincar, estava sempre se divertindo com os negrinhos da fazenda, sujava-se muito, tinha boa saúde e me parecia muito bem.

Deixei-os e fui para a casa de minha irmã, João saíra e Glorinha estava muito ocupada. João e minha irmã eram felizes, pareciam dois namorados rodeados de filhos, o lar deles era muito agradável. Para não incomodar, voltei para a antiga sede, sentei-me na varanda. Escutei as crianças rindo, brincavam no pomar.

Lembrei-me da última vez em que estivera naquela casa, fora logo após meu casamento, quando viera visitar o coronel Francisco. Estava um tanto constrangido, entrei nos aposentos do meu sogro inquieto, e este, ao me ver, estremecera, suava, seus olhos crisparam-se de ódio. Saí rápido do quarto. Marcina foi acalmá-lo e fiquei esperando-a na sala, aborrecido por sentir-me tão odiado. Foi aí que vi os espíritos de cinco negros. Fiquei arrepiado, não consegui me mover, e paralisado, senti muito medo. Estavam machucados, sangravam, estavam juntos, era uma visão assustadora, pararam na minha frente, olhavam-me, ficando a alguns metros de distância. Um deles me disse:

— Sinhozinho Jorge, não queremos lhe fazer mal, queremos bem o sinhô pelo modo que trata nossos irmãos, os negros escravos. Temos respeito ao sinhô. Nada tem a temer de nós, mas é melhor não se meter onde não é chamado, não interferir na nossa vingança. Porque o sinhô se preocupa com este monstro? Ele o odeia tanto como a nós, se ele pudesse matava-o como fez ao sinhozinho seu irmão e a tantos outros. Deixe-nos em paz!

Estava do mesmo modo, quis falar, meus lábios não obedeceram, pensei: "Sofrem também, estão feridos, será que esta vingança lhes faz algo que os ajude?".

O mesmo negro sorriu e falou:

— O sinhô é bom em ter pena de nós. Sofremos, sim. Vê minhas costas? — virou por segundos, suas costas sangravam com sinais de chicotadas. — Dói, sinto dores, prefiro senti-las e fazer este diabo sofrer, pois não dá para esquecer. Aqui vêm uns homens, dizem ser socorristas, aconselhar-nos a perdoar para sermos curados e para termos paz, porém não queremos, cada sofrimento deste maldito é pouco para nós. Sofremos, mas nos vingamos. Estamos aqui e daqui não sairemos, não fazemos mal a quem não merece. Ao sinhozinho João e à sinhá Glorinha até servimos. Somos em muitos, nos repartimos: uns tomam conta do peste do sinhô Chico e outros do sinhô Lucas. O sinhozinho nos vê, é melhor não voltar aqui e não interferir nas nossas vidas!

Ainda tive coragem e indaguei:

— O coronel já não sofre, inválido como está? Não existe Deus para castigar?

— Deus existe, mas Ele não se importa em castigar, resolvemos castigá-lo nós mesmos. Tudo o que o coronel Francisco sofrer é pouco. Já avisamos o sinhô, não se meta!

Sumiram e permaneci imóvel, suando, fui me acalmando e comecei a orar, pedindo a Jesus proteção. Foi João quem me tirou daquele torpor:

— Vem, Jorge, vem para a cozinha, Bárbara preparou-nos um cafezinho especial.

— Sinhozinho Jorge, que tem? Está branco! — disse-me Bárbara.

— Nada, não sei — respondi.

— É esta casa, ainda bem que a nova logo ficará pronta, não gosto daqui, parece-me cheia de fantasmas, até falei com Pai Tomás.

— É? E o que ele disse?

— Para não interferir em assunto que não seja meu. Nada que tem aqui nos fará mal.

Desde aquele dia não voltei mais a ver o coronel Francisco. Nesses anos todos, meu sogro estava do mesmo jeito, paralítico, só mexia um pouco com a cabeça e com os olhos, não falou mais.

Nunca mais vira os negros obsessores, orava sempre por eles para que perdoassem o coronel. Nas reuniões evangélicas que continuávamos fazendo uma vez por semana, orávamos por eles.

Pensava sempre no que Jesus nos recomendou, que perdoássemos sempre, o perdão nos dá paz; não perdoar é acarretar sofrimentos. Querer vingar é fazer sofrer e padecer junto. Pensava com certa ansiedade no coronel e nos filhos mortos, com aqueles espíritos como companheiros, com eles cobrando o que lhes achava devido. Todos cativos. Uns por terem feito tanto mal, ligaram-se às trevas, e os outros cativos pelo ódio, negando se libertarem pelo amor, pelo perdão, não esquecendo do mal que lhes fizeram. Deu-me vontade de ver meu sogro naquele momento. Entrei na casa e, no "hall" de entrada, escutei Marcina lendo o Evangelho. Ela lia sempre para o pai, falava a ele com doçura e carinho dos ensinos de Jesus. Marcina parou de ler ao me ver. Tirei o chapéu, aproximei-me devagar, fiquei na frente do meu sogro. Encaramo-nos. Ele não demonstrou nenhum sinal de repulsa. Marcina falou entusiasmada:

— Papai, Jorge é tão bom marido, me faz tão feliz! O senhor sente isso, não é? Percebe que sou feliz. Ele é bom, amigo, todos gostam dele e... é pai dos seus netos!

Não vi nenhum obsessor por ali: ou haviam se cansado ou afastaram-se com nossa presença, com a leitura do Evangelho. Orei mentalmente ao Pai para que ajudasse a todos a perdoarem. E, lembrando que, em todo ensino, a melhor forma de fazê-lo é dando o exemplo, disse com simplicidade:

— Coronel Francisco, sou seu genro, Marcina e eu somos felizes, temos lindos filhos, estou muito bem. Nunca quis brigas com o senhor, não gosto de desavenças, não as tenho com ninguém. Sou amigo de todas as pessoas da redondeza. Por que não esquecemos o passado, tantas coisas ruins e fazemos amizade?

O coronel Francisco estava velho, cabeça totalmente branca, pálido, semblante cansado, muito enrugado, pois muitos anos fazia que estava entre o leito e a cadeira, sempre necessitando de que outros o transportassem, tendo por companhia a filha que desprezara tanto e os negros a lhe servir, negros que odiara tanto. Senti que tudo isso o modificara.

Ele se esforçou, afirmou levemente a cabeça, seus olhos piscaram muitas vezes. Marcina sorriu, contente, era o que sempre queria, que fizéssemos amizade, e falou alto:

— Jorge, ele aceita, este é o seu sinal de sim, ele quer ser seu amigo!

Marcina deu-me um estalado beijo no rosto, senti-me satisfeito, aproximei mais dele, coloquei a mão no seu ombro, e disse-lhe baixinho:

— Devemos nos aceitar, coronel. Peço-lhe perdão se fiz algo que lhe desagradou e perdoo o mal que nos fez. Há muito tempo, meu sogro, nós já o perdoamos. Sabemos que mandou matar José, meu irmão. Vamos esquecer as mágoas, devemos perdoar e também ser humildes e pedir perdão, peça perdão a Deus e também a quem o ofendeu.

Olhou-me demoradamente, seu olhar já não era tão duro, já não tinha ódio. Sentamos e Marcina continuou a ler o Evangelho, a Parábola dos Talentos.

Quando acabou, Marcina pediu-me que fizesse a oração de encerramento e a fiz, comovido:

— Deus, nosso Pai, agradecemos todos os benefícios que recebemos. Hoje, quero agradecer especialmente por ter feito amizade com meu sogro e permita Senhor que nos tornemos amigos por todo o sempre. Agradeço a oportunidade que nos dá com o coração, esta força maravilhosa que tanto bem nos faz. Ajuda-nos a sermos humildes e a aceitarmos os sofrimentos do corpo como remédio à nossa alma enferma. Ajuda-nos a ter paz e a viver os ensinos que, com exemplos, Jesus nos deixou. Amém! Pai-Nosso que estás...

Despedimo-nos dele, prometendo voltar sempre; fomos embora, estava me sentindo muito bem, feliz. Lembrei-me do que Jesus dissera: *Se está para fazer sua oferta, sua oração ao Pai, lembre se tem algo contra seu irmão, vai primeiro até ele, reconcilie-se, depois volte a fazer sua oferta, sua oração.*

Meus filhos, atrás da charrete, cantavam felizes, eram lindos, sábios, observei-os, minha caçulinha, minha doce Ambrosina, estava com o rosto todo sujo de manga, rindo para mim toda contente, eu os amava demais.

Encontramos três camponeses que vinham em sentido contrário, pararam à margem da estrada, tiraram o chapéu e cumprimentaram-me:

— Boa tarde, coronel Castro, que Deus o proteja e à sua família.

Parei a charrete, tirei o chapéu e respondi gentilmente:

— Boa tarde, senhores, que Deus os proteja também.

Sorriram contentes, senti neles a satisfação de receber atenção de alguém para eles tão importante naquelas terras.

Tornara-me importante, realmente. Quando dei dinheiro a Carlota, ficara somente com Sant'Ana, que logo progrediu, tinha colheitas fartas, comprava mais terras, vivíamos todos com abundância. Tinha muito dinheiro que emprestava sempre. Andava sempre com a garrucha que trouxera de presente ao meu pai, e alguns dos meus empregados usavam armas. Saía sempre com Tião e Samuel, e estes sempre bem armados. Nunca usamos as armas, nem para nos defender, graças a Deus. Às vezes, treinávamos no pátio da fazenda, como distração.

Do alto da estrada, avistei as três fazendas, a divisa delas no rio. Tudo tão bonito! Não era à toa que chamavam as três fazendas de Triângulo da Felicidade. Olhar tudo me dava paz e tranquilidade.

Era respeitado por toda a redondeza e sempre convidado para entrar na política, mas não aceitava; político nem sempre agrada a todos e não queria desavenças com ninguém. Do meu antigo sonho, ser um abolicionista, pouco ficara. Meus escravos viviam muito bem, eram colonos. O que fazia por eles, negros, era comprar mais do que necessitava, unir famílias separadas. Dava também dinheiro a dois amigos de uma família da vila que moravam na capital da Província para que eles promovessem fugas e comprassem escravos maltratados para libertá-los.

Como tinha muito dinheiro, era rico, usava meu prestígio junto a outros senhores de escravos para que os tratassem bem. E com o delegado, para que não os perseguisse. Embora a contragosto, muitos não ousavam desagradar-me.

Muitas vezes fugitivos apareciam nas minhas terras. Manuel escondia-os com minha permissão e ia até seu senhor para comprá-los e às vezes trazia toda a família. Nunca me foi negada uma compra, eu era importante demais para que me desagradassem. Se o escravo fosse bom, ficava conosco, se fosse ruim, deixava-o ir embora.

Olhando da estrada a beleza dos campos e das plantações, sentindo a bonança que ali reinava, recordei o que Pai Tomás sempre me dizia:

"Sinhozinho Jorge nada tem, essa é a verdade, porque nada disso que desfruta, que o mundo acha que é do sinhô, é realmente seu. Tudo é de Deus, do Pai, tudo a Ele pertence, até nós. Pode Ele nos emprestar por algum tempo e fazer-nos assim seus administradores. Deve o sinhozinho conscientizar-se bem disso e administrar, somente. Veio nesta existência para administrar esta parte tão pequena da Terra. Seja sábio! Como o sinhozinho é bom, administre com sabedoria e amor, sem se deixar prender a ela, sem se iludir pensando que lhe pertence". E a leitura que Marcina fizera ao pai enfermo deixou-me com mais argumentos para meditar. Não deveria esconder o talento que recebera na Terra como um avarento; tinha o dever de multiplicá-lo em benefício de muitos. Não era fácil ter poder, riqueza material e liberdade, não sendo escravo deles. A riqueza de bens materiais é uma prova difícil, de que Jesus nos alertou dizendo que não era fácil um rico entrar no Reino dos Céus, e que o perigo estava em mais amar o reino da Terra do que o Reino dos Céus. Não podemos servir a Deus e a Mamon. Devemos servir só ao Pai Santíssimo, porque os bens materiais são para nos servirem; devemos administrá-los e usá-los para o bem-estar do maior número de pessoas. Essa minha meta era também minha luta interna, só administrar e não ficar cativo pelo poder, pela riqueza material!

Renascer no corpo, crescer em espírito, aprender com as oportunidades que nos são oferecidas e libertar-nos, tornando-nos livres do mundo material para estarmos aptos ao mundo espiritual. Esse deve ser o objetivo do homem na Terra!

Fim

Ao terminar a leitura deste livro, talvez você tenha ficado com algumas dúvidas e perguntas a fazer, o que é um bom sinal. Sinal de que está em busca de explicações para a vida. Todas as respostas de que você precisa estão nas Obras Básicas de Allan Kardec.

Se você gostou deste livro, o que acha de fazer que outras pessoas venham a conhecê-lo também? Poderia comentá-lo com aquelas do seu relacionamento, dar de presente a alguém que talvez esteja precisando ou até mesmo emprestar àquele que não tem condições de comprá-lo. O importante é a divulgação da boa leitura, principalmente a da literatura espírita. Entre nessa corrente!